Christopher A. Weidner

Wabi Sabi

Keine Zeit

*und
trotzdem
glücklich!*

Wie Sie die Kostbarkeit
des Augenblicks entdecken
und Ihren Rhythmus finden

www.knaur-ratgeber.de

Vorwort

Wenn Sie dieses Buch in den Händen halten, interessieren Sie sich für eines der rätselhaftesten Phänomene, die das menschliche Bewusstsein hervorgebracht hat: die Zeit. Vielleicht erwarten Sie, dass es Teil einer solchen Abhandlung sein sollte, eine gültige Definition dieses Phänomens zu liefern. Ich möchte es jedoch mit Augustinus halten, der sich fragte: »Was also ist die Zeit? Wenn niemand mich danach fragt, weiß ich es; wenn ich es jemandem auf seine Frage hin erklären will, weiß ich es nicht.« Nein, in diesem Buch geht es nicht darum, was Zeit ist, sondern wie unser Umgang mit Zeit unser Leben beeinflusst. Wie die Art und Weise unseres Zeitverständnisses unser Leben manchmal kompliziert machen kann und wie ein anderer Blickwinkel uns auf einmal aufatmen lässt.

Wabi Sabi ist so ein anderer Blickwinkel. Er erlaubt uns, abseits von allem Zeitmanagement-Getöse, einen neuen Zugang zur Zeit zu finden, der geprägt ist von der Suche nach der Schönheit des Augenblicks, in dem jeder Gedanke an Effizienz und Perfektion hinfällig wird. Dazu brauchen wir keine neuen Konzepte, keine neuen Strategien. Wir müssen nur hinhören, hinsehen, hinspüren. Dann werden wir entdecken, dass jeder Augenblick ein Stück der Ewigkeit in sich trägt und dass die Vorstellung, Zeit könne knapp werden, eine Illusion ist. Dieses Buch möchte sie dabei begleiten, sich dieser Illusion bewusst zu werden und Ihrer Zeit mehr Leben zu geben.

Lassen Sie mich eingangs die folgende Geschichte erzählen, die Heinrich Böll unter dem Titel »eine Anekdote zur Senkung der Arbeitsmoral« veröffentlichte – er hätte sie auch »eine Anekdote zur Steigerung von Wabi Sabi im Leben« nennen können ...

Der Fischer und der Tourist – eine Anekdote zur Senkung der Arbeitsmoral

In einem Hafen an einer westlichen Küste Europas liegt ein ärmlich gekleideter Mann in seinem Fischerboot und döst. Ein schick angezogener Tourist legt gerade einen neuen Film in seinen Fotoapparat ein, um das idyllische Bild zu fotografieren: blauer Himmel, grüne See mit friedlichen schneeweißen Wellenkämmen, schwarzes Boot, rote Fischermütze. Klick. Noch einmal: klick. Und da aller guten Dinge drei sind und sicher sicher ist, ein drittes Mal: klick. Das spröde, fast feindselige Geräusch weckt den dösenden Fischer, der sich schläfrig aufrichtet und nach seiner Zigarettenschachtel angelt. Aber noch bevor er das Gesuchte findet, hält ihm der eifrige Tourist schon eine Schachtel vor die Nase, und ein viertes Klick, das des Feuerzeugs, schließt die eilfertige Höflichkeit ab. Durch dieses kaum messbare, nie nachweisbare Zuviel an flinker Höflichkeit ist eine gereizte Verlegenheit entstanden, die der Tourist – der Landessprache mächtig – nun durch ein Gespräch zu überbrücken versucht.

»Sie werden heute einen guten Fang machen.«

Kopfschütteln des Fischers.

»Aber man hat mir gesagt, dass das Wetter günstig ist.«

Kopfnicken des Fischers.

»Sie werden also nicht rausfahren?«

Kopfschütteln des Fischers, steigende Nervosität beim Touristen. Gewiss liegt ihm das Wohl des ärmlich gekleideten Menschen am Herzen, nagt an ihm die Trauer über die verpasste Gelegenheit.

»Oh, Sie fühlen sich nicht wohl?«

Endlich geht der Fischer von der Zeichensprache zum gesprochenen Wort über. »Ich fühle mich großartig«, sagt er. »Ich habe mich nie besser gefühlt.« Er steht auf, reckt sich, als wolle er demonstrieren, wie athletisch er gebaut ist. »Ich fühle mich phantastisch.«

Der Gesichtsausdruck des Touristen wird immer unglücklicher, er kann die Frage nicht mehr unterdrücken: »Aber warum fahren Sie dann nicht raus?«

Die Antwort kommt prompt und knapp: »Weil ich heute Morgen schon rausgefahren bin.«

»War der Fang gut?«

»Er war so gut, dass ich nicht noch einmal rauszufahren brauche …«

Der Fischer, endlich erwacht, taut jetzt auf und klopft dem Touristen beruhigend auf die Schulter. Dessen besorgter Gesichtsausdruck erscheint ihm als Zeugnis zwar unangebrachter, dennoch rührender Kümmernis.

»Ich habe sogar für morgen und übermorgen genug«, sagt er, um des Fremden Seele zu erleichtern. »Rauchen Sie eine von meinen?«

»Ja, danke.«

Zigaretten werden in Münder gesteckt, ein fünftes Klick, der Fremde setzt sich kopfschüttelnd auf den Bootsrand, legt die Kamera aus der Hand, denn er braucht jetzt beide Hände, um seiner Rede Nachdruck zu verleihen.

»Ich will mich ja nicht in Ihre persönlichen Angelegenheiten mischen«, sagt er, »aber stellen Sie sich mal vor, Sie führen heute ein zweites, ein drittes, vielleicht sogar ein viertes Mal raus, und Sie würden drei, vier, fünf, vielleicht gar zehn Dutzend Makrelen fangen …«

Der Fischer nickt.

»Sie würden«, fährt der Tourist fort, »nicht nur heute, sondern morgen, übermorgen, ja, an jedem günstigen Tag zwei-, dreimal, vielleicht viermal rausfahren – wissen Sie, was geschehen würde?«

Der Fischer schüttelt den Kopf.

»Sie würden sich in spätestens einem Jahr einen Motor kaufen können, in zwei Jahren ein zweites Boot, in drei oder vier Jahren könnten Sie vielleicht einen kleinen Kutter haben, mit zwei Booten oder dem Kutter würden Sie natürlich viel mehr fangen – eines Tages würden Sie zwei Kutter haben, Sie würden … «, die Begeisterung verschlägt ihm für ein paar Augenblicke die Stimme, »Sie würden ein kleines Kühlhaus bauen, vielleicht eine Räucherei, später eine Marinadenfabrik, mit einem eigenen Hubschrauber rundfliegen, die Fischschwärme ausmachen und ihren Kuttern per Funk Anweisung geben, Sie könnten die Lachsrechte erwerben, ein Fischrestaurant eröffnen, den Hummer ohne Zwischenhändler direkt nach Paris exportieren – und dann … « Wieder verschlägt die Begeisterung dem Fremden die Sprache. Kopfschüttelnd, im tiefsten Herzen betrübt, blickt er auf die friedlich hereinrollende Flut, in der die ungefangenen Fische munter springen.

»Und dann«, sagt er, aber wieder verschlägt ihm die Erregung die Sprache. Der Fischer klopft ihm auf den Rücken – wie einem Kind, das sich verschluckt hat. »Was dann?«, fragt er leise.

»Dann«, sagt der Fremde mit stiller Begeisterung, »dann könnten Sie beruhigt hier im Hafen sitzen, in der Sonne dösen – und auf das herrliche Meer blicken.«

»Aber das tu ich ja schon jetzt«, sagt der Fischer, »ich sitze beruhigt am Hafen und döse, nur Ihr Klicken hat mich dabei gestört.«

Tatsächlich zieht der so belehrte Tourist nachdenklich von dannen, denn früher hatte er auch einmal geglaubt, er arbeite, um eines Tages nicht mehr arbeiten zu müssen, und es bleibt keine Spur von Mitleid mit dem ärmlich gekleideten Fischer in ihm zurück, nur ein wenig Neid.

Und Sie?

Wie ergeht es Ihnen, wenn Sie diese Geschichte lesen? Sehnen Sie sich auch nach einem Leben voller Ruhe und Gelassenheit? Fühlen auch Sie ein wenig den Neid des Touristen, der mit seinem Lebenskonzept, das er dem Fischer aufnötigen möchte, glorreich scheitert, weil der Fischer das, was der Tourist ihm wohlmeinend in Aussicht stellt, schon längst besitzt?

Wabi Sabi – das ist ein Leben, das dem des Fischers gleicht: Es ist gekennzeichnet von einer tiefen Zufriedenheit mit dem, was gerade ist, von einer Sehnsucht nach dem Einfachen, Schlichten, aber auch nach der Erfüllung unserer individuellen Bedürfnisse, die wir unter dem Diktat des Alltäglichen schnell aus den Augen verlieren.

Die meisten Menschen wurden in dem Glauben erzogen, dass Ruhe und Entspannung die Belohnung für getane Arbeit sind. Doch während dem Fischer die Balance zwischen beiden mühelos gelingt, folgen wir dem Konzept des Touristen, in dem die geleistete Arbeit nie genug ist.

Wabi Sabi vertritt eine andere Sichtweise in Bezug auf unser Leben. Es zeigt uns, dass die Erfüllung unserer Bedürfnisse keine Frage der Anstrengung ist, sondern eine Frage des Bewusstseins. Alles, was wir brauchen, ist in jedem Augenblick vorhanden. Laut Wabi Sabi ist Zeit nicht das, was unsere Uhr misst, sondern Zeit ist Leben.

Wabi Sabi ist eine mögliche Antwort auf unsere Nonstop-Gesellschaft. Es baut auf die Entdeckung und Kultivierung der eigenen Zeit. In diesem Buch begeben wir uns auf die Suche nach unserem individuellen Verständnis von Vergangenheit, Zukunft und Gegenwart und erfahren den Augenblick als Kraftquelle, um unser Leben mit größerer Gelassenheit zu leben. Die Dinge in unserer eigenen Zeit zu tun oder zu lassen – das bedeutet Wabi Sabi.

Heute schon keine Zeit gehabt?

Jeder von uns kennt das Gefühl, keine Zeit für die wesentlichen Dinge des Lebens zu haben. Es ist zum Grundgefühl unserer westlich geprägten Zivilisation geworden – mit unübersehbaren Folgen für unser Wohlbefinden.

Das Keine-Zeit-Syndrom

Bevor Sie mit der Lektüre dieses Kapitels beginnen, möchte ich Ihnen, liebe Leserin und lieber Leser, ein paar Fragen stellen. Ich bitte Sie, sich einfach auf dieses Experiment einzulassen und so ehrlich wie möglich zu antworten. Lassen Sie Ihre eigenen Erfahrungen zum Ausgangspunkt für ein neues Verständnis von Zeit werden. Am Ende der Lektüre können Sie zu diesem zurückkehren und überprüfen, was sich für Sie durch die Begegnung mit Wabi Sabi verändert hat.

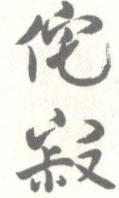

Erinnern Sie sich an eine Begebenheit aus jüngster Vergangenheit, in der Sie zu sich selbst oder zu einem anderen Menschen sagen mussten: »Ich habe keine Zeit.« Es ist egal, in welchem Kontext dieser Satz gefallen ist – ob in der Arbeit, in der Familie, Ihrem Partner beziehungsweise Ihrer Partnerin gegenüber, im Freundeskreis oder Ihnen selbst gegenüber. Wichtig ist nur, dass Sie es in diesem Moment auch so gemeint haben und dieser Satz das ehrliche Empfinden wiedergab, für jemanden oder etwas keine Zeit zu haben, obwohl Sie sich gern die Zeit genommen hätten (manchmal verwenden wir diesen Satz ja auch als Phrase, weil wir einfach unsere Ruhe haben möchten).

Wenn Sie eine solche Situation gefunden haben, dann versetzen Sie sich bitte geistig in diese zurück. Vergegenwärtigen Sie sich, wie Sie sich gefühlt haben, welche Empfindungen in Ihnen aufgestiegen sind. Notieren Sie diese kurz:

....
....
....

Jetzt erinnern Sie sich daran, was Sie in diesem Augenblick gedacht haben:

....
....
....

Was haben Sie körperlich empfunden? Gab es Momente, in denen Sie eine besondere Spannung wahrnehmen konnten? Haben Sie bemerkt, dass sich Ihre Körperhaltung oder Ihr Gesichtsausdruck verändert hat?

....
....
....

Wie haben Sie in dieser Situation auf andere gewirkt? Auch wenn es in diesem Augenblick vielleicht keinen Beobachter gab, was hätte er gesehen? Welchen Eindruck hätten oder haben Sie hinterlassen?

....
....
....

Wie ging es wohl Ihrem Gegenüber, als Sie diesen Satz geäußert haben? Was vermuten Sie?

....
....
....

Jetzt, da Sie sich so intensiv in diese Situation hineinversetzt haben, möchte ich Sie bitten, sich folgende Frage zu stellen: *Wofür genau hatten Sie keine Zeit?* Sie können sich auch folgende Frage stellen: *Was wäre geschehen, wenn Sie Zeit gehabt hätten? Was hätten Sie getan?*

....
....
....

Zum Schluss möchte ich Sie bitten, den Satz »Ich habe keine Zeit« noch einmal laut auszusprechen. Sprechen Sie ihn zunächst so aus, wie Sie ihn in der Situation, über die Sie gerade nachgedacht haben, ausgesprochen haben. Dann möchte ich Sie bitten, die Betonung leicht zu verändern: Betonen Sie jetzt das Wort »Zeit«. Wiederholen Sie den Satz in dieser Form ruhig mehrmals. Bemerken Sie einen Unterschied?

Ist es nicht so, dass wenn wir den Satz auf diese Weise betonen, sich fast wie von selbst eine weitere Frage aufdrängt: »Ich habe keine Zeit ... *Aber was habe ich dann?*«

Das weiße Kaninchen

> »Grüß Gott, bis bald, auf Wiederseh'n,
> muss geh'n, muss geh'n, muss geh'n.«
> *Das weiße Kaninchen aus Disneys*
> »Alice im Wunderland« *(1951)*

Ergeht es Ihnen auch so wie dem berühmten weißen Kaninchen aus »Alice im Wunderland«, das in einem fort auf seine Uhr blickt, nur um festzustellen, dass die Zeit zu schnell verrinnt? Haben Sie auch das Gefühl, immer zu spät dran zu sein, egal was Sie gerade tun oder vorhaben?

Genau wie das Kaninchen hetzen viele von uns von einer Szene des Lebens zur nächsten. Und nicht wenige treibt die Panik an, dass sie sich am Ende ebenso dem Urteil der Herz-Königin stellen müssen, das im schlimmsten Fall lautet: »Ab mit dem Kopf!« Tatsächlich rennen wir der Zeit hinterher, als ob es um unser Leben ginge – und viele laufen dabei Gefahr, selbiges aufs Spiel zu setzen. Wir müssen nur die Statistiken studieren, die belegen, dass jährlich mehr Menschen an einem Herzinfarkt sterben als bei Verkehrsunfällen. Eine der Hauptursachen für den Infarkt ist eine Lebensführung, die von Stress und Hektik geprägt ist. Sprach man noch in den 60er und 70er Jahren des vergangenen Jahrhunderts von der »Manager-Krankheit«, trifft er längst alle Berufsgruppen, Männer wie Frauen, gleichermaßen. Vor allen Dingen aber werden Herzinfarktpatienten immer jünger: Die Zahl der unter 40-Jährigen nimmt stetig zu. Typisch für den Herzinfarktkandidaten: hoher Blutdruck, Vorliebe für Fast Food und ständig unter Strom – für ihn ist »Entspannung« ein Fremdwort. Da wird die Deadline, wie eine absolute Frist mittlerweile auch bei uns gern genannt wird, im wahrsten Sinne des Wortes zur »Todeslinie«. Ein makabres Wortspiel, wenn man bedenkt, dass in amerikanischen Gefängnissen jene Linie so genannt wurde, bei deren Übertreten der Gefangene mit einer Erschießung ohne Vorwarnung zu rechnen hatte.

Lassen Sie sich von mir mit der folgenden Geschichte kurz unterbrechen: Nasrudin geriet in einen Streit mit einem Mann, der über alles viel besser Bescheid wusste als er. Und es schien, als könne er auch alle anderen Fähigkeiten des Mullas ausstechen. Schließlich sagte der Rivale: »Nasrudin, lass uns einen Wettkampf austragen ... Du schlägst irgendetwas vor, gleich, was es auch sein mag, ich versichere und behaupte, dass ich dafür nur halb so viel Zeit benötige wie du.« »Angenommen«, sagte Nasrudin. »Hier ist mein Vorschlag: Es ist nach tausend Jahren meiner Lebenszeit festzustellen, ob du inzwischen nur fünfhundert Jahre älter geworden bist.«

Aus: *Die fabelhaften Heldentaten des weisen Narren Mulla Nasrudin*

Das »Weiße-Kaninchen-Gefühl«, das Gefühl, keine Zeit zu haben, ist für viele Menschen in unserer Kultur zum Dauerbrenner geworden – und für immer mehr Menschen auch zum »Ausbrenner«. Seit den 1970er Jahren hat sich neben dem Herzinfarkt ein neues Syndrom etabliert, das Mediziner, Psychiater und Psychologen als neue Zivilisationskrankheit im Schlepptau der zunehmenden Zeitnot der Menschen in der westlichen Welt bezeichnen: der sogenannte »Burn-out«.

Ich eile, also bin ich?

Ein- bis zweihundert E-Mails, unzählige Anrufe auf dem Festnetz und dem Handy, mehrere Meetings pro Tag – das ist nicht etwa die Arbeitsplatzbeschreibung eines Spitzenmanagers, sondern der tägliche Wahnsinn im Büro des Durchschnittsverdieners. Die Anforderungen sind mit Einführung der neuen Kommunikationsmedien immens gestiegen: Handy, E-Mail, Internet und Co. haben nicht zur Erleichterung und Verkürzung der Arbeitsabläufe geführt, sondern zu ihrer Maximierung. Weil wir immer mehr in immer weniger Zeit erledigen können, hetzen wir von einer Aufgabe zur nächsten, werden die To-do-Listen immer länger. Die tägliche Reizüberflutung ist so stark geworden, dass Überforderung zum Normalzustand geworden ist – so normal, dass viele Betroffene auch nach Feierabend weitermachen müssen, denn Entspannung will sich nicht einstellen, zumindest nicht von selbst. Und so setzt sich der Stress auch in der Freizeit fort.

Ist das die neue Generation – die der Ausgebrannten von morgen? Sollen wir das für normal halten? Müssen irgendwann alle so arbeiten und den Burn-out als Risiko des Arbeitsalltags einkalkulieren? Müssen Arbeitgeber damit leben, dass ihre Mitarbeiter nach drei bis vier Jahren ausgewechselt werden müssen? Beschleunigung ist heute zum Symbol des Fortschritts und der Freiheit geworden. »Die Zeit geht mit der Zeit: sie rast«, wusste schon Erich Kästner. Aber heutzutage gilt: »Ich eile, also bin ich.« Galt es vor zweihundert Jahren noch als Statussymbol, Muße zu haben, ist eine Person heute umso wichtiger, je mehr Termine sie hat und je häufiger sie angerufen wird. Ohne Zeitplaner, Organizer oder Handy stellt man nicht mehr viel dar.

Doch so richtig wohl fühlen wir uns bei all der Dringlichkeitsdynamik nicht. Die hochmobile und innovationshektische Gesellschaft geht so manchem und so mancher auf die Nerven. Immer öfter sitzen wir im Beschleunigungsstau fest. Viele leiden unter dem allgemeinen Personalabbau, dem immer schnelleren Tempo, unter dem Druck, in kürzerer Zeit mit weniger Personal und niedrigerem Budget immer mehr schaffen zu müssen. Alle beklagen sich über die ständige Hetze – und alle produzieren sie fleißig mit.

Wabi Sabi lehrt uns, dass wir die Dinge nicht besser machen, wenn wir sie schneller machen oder wenn wir in derselben Zeit mehr Dinge erledigen. Es geht im Gegenteil darum, dem, was wir tun, die Zeit zu geben, die in ihm angelegt ist. Betrachten Sie die Natur: Kein Baum, keine Pflanze, nicht ein Grashalm strengt sich an, schneller zu wachsen. Aus diesem Grunde ist die stille Betrachtung der Natur ein guter Einstieg, unsere Einstellung zu unserem Leben zu überdenken.

Was aber spricht eigentlich gegen ein hohes Tempo? Wir dachten doch immer, ganz vorn zu sein, sei besonders erstrebenswert. Bei der Olympiade zeichnen wir diejenigen, die als Erste ins Ziel kommen, mit Goldmedaillen aus. Das Problem ist also nicht das Tempo an sich. Es beginnt vielmehr erst dann, wenn das Tempo zum Hauptkriterium wird und nicht mehr seinen natürlichen Ausgleich in Entspannung finden kann.

Stress – eine natürliche Reaktion des Körpers

Seit der Steinzeit hat sich im Leben des Homo sapiens vieles verändert: Er hat seine Höhle verlassen und bewohnt nun geräumige Apartments oder hübsche Häuschen im Grünen. Er wählt aus einer Fülle von Lebensmitteln in den Theken des Supermarkts um die Ecke, statt sich an seine Beute heranzupirschen und sie nach oftmals tagelanger

Jagd zu erlegen. Und schließlich hat er Fell und Lendenschurz gegen schicke Anzüge und Funktionsunterwäsche eingetauscht. Wir scheinen weit entfernt von unseren barbarischen Vorfahren, die ihr Feuer noch mühevoll selbst entfachen mussten, während wir lässig die Heizung aufdrehen. Doch Tausende Jahre der Evolution haben uns nur äußerlich verändert, denn nach wie vor geht es in dieser Welt nur um eines: ums nackte Überleben.

So sieht es vielleicht nicht unser Verstand, aber unser Körper – und so reagiert er immer noch mit den gleichen altbewährten Mustern auf Bedrohungen: in Bruchteilen von Sekunden wird unser Körper mit den Stresshormonen Adrenalin und Noradrenalin, Kortisol und Kortison überflutet und in absolute Alarmbereitschaft versetzt. Der Muskeltonus erhöht sich und unser Bewegungsapparat wird auf Angriff oder Flucht vorbereitet. Der Blutdruck steigt, wir atmen kurz und flach, die Pupillen weiten sich, der Blutzuckerspiegel steigt. Der gesamte Organismus wird mit Energie versorgt, um sich aus der lebensbedrohlichen Situation retten zu können. Erst nach überstandener Gefahr klingt die Reaktion ab, wir sind erschöpft, werden müde und brauchen Erholung.

Zwar tendieren die Situationen, in denen wir heute mit Flucht oder Angriff reagieren müssen, gegen null, dennoch erleben auch wir Gefahrensituationen. Es sind die Herausforderungen des Alltags, die uns in Bedrängnis bringen, allen voran das Gefühl, keine Zeit zu haben, nicht fertig zu werden, permanent unter dem Druck zu stehen, ja alles zur eigenen und zur Zufriedenheit anderer zu erledigen. Das Problem dabei: Weil wir von einem Termin zum nächsten hetzen, fallen die notwendigen Erholungsphasen, die sich unser Körper nach einer Stressreaktion gerne gönnen würde, aus. Wir erledigen zwar unsere »To-dos«, aber wir sorgen kaum noch dafür, dass sich die Anspannung durch Entspannung ausgleicht, beziehungsweise wir verschieben die Entspannung auf einen späteren Zeitpunkt wie Urlaub oder das Wochenende. Tatsächlich aber lässt sich das Bedürfnis nach Erholung nicht aufschieben, es gehört unmittelbar zur Stressreaktion dazu. Haben Sie sich schon einmal gefragt, warum Ihnen die Wochenenden immer so kurz vorkommen und der lang ersehnte Erholungseffekt sich im Urlaub erst nach Tagen einstellt und am ersten Montagmorgen zurück in der Arbeit schon wieder verflogen ist? Ebenso wenig, wie wir Stress planen können, können wir Erholung planen.

Besonders in den Haikus, kurzen japanischen Gedichten, kommen das Wesen von Wabi Sabi und die Vorbildfunktion der Natur zum Ausdruck. Sie thematisieren sehr häufig die Vergänglichkeit des Seins und die Schönheit, die mit dieser Vergänglichkeit einhergeht (Beispiele finden Sie auf Seite 39 und 99). Haikus sind eine wundervolle Möglichkeit, die Zeit anzuhalten und in Kontakt mit dem Wesentlichen zu kommen. »Das Haiku nimmt so viel wie möglich Worte zwischen dir und den Dingen weg.«

Günter Wohlfahrt

Und noch etwas macht uns das Leben schwer: Im Gegensatz zu Tieren und anderen Lebewesen verursacht bei uns Menschen nicht nur eine reale Bedrohung Stress, sondern auch schon der Gedanke an eine Bedrohung. Unsere Vorstellungskraft erlaubt uns, uns in Situationen hineinzuversetzen, die von unserem Körper als völlig real empfunden werden und die die entsprechenden Reaktionen hervorrufen. Anders gesagt: Unserem Gehirn ist es egal, ob wir uns eine Situation nur einbilden oder ob wir uns tatsächlich in ihr befinden.

Wir schrauben uns in der Stressspirale immer weiter nach oben und beginnen unseren Körper an den Stress zu gewöhnen. Die Folge: Wir leben ständig am Limit. Nicht dass unser Körper uns dies nicht mitteilen würde. Im Gegenteil, Warnsignale gibt es genug, angefangen von einfachen Kopfschmerzen bis hin zu chronischen Muskelverspannungen, dauerhaft erhöhtem Blutdruck und Problemen im Magen-Darm-Trakt. Doch meist ignorieren wir diese Zeichen zunächst, nehmen lieber eine Aspirin oder zwei und arbeiten weiter. Ausruhen können wir uns ja am Wochenende. Von wegen! Anhaltende Belastungen rauben uns die Kräfte und machen unsere Widerstandskräfte kaputt, bis wir zusammenbrechen.

Wer die Warnsignale seines Körpers nicht verstehen will, bekommt die Quittung: Erschöpfungszustände, Depressionen und Burn-out sind programmiert. Stress, der das normale Maß übersteigt, darin sind sich die Mediziner einig, schwächt das Immunsystem und bereitet den Weg für schwerwiegende Erkrankungen wie Tinnitus, Krebs, Herzinfarkt oder Schlaganfall.

HABEN SIE KEINE ZEIT?

Keine Zeit zu haben ist oft ein diffuses Gefühl. Es fällt uns schwer zu erfassen, was uns denn nun genau den Eindruck vermittelt, wir hätten keine Zeit. Mit dem folgenden Test können Sie Ihr aktuelles Zeitprofil ermitteln, das heißt, Sie erfahren, wie Sie gegenwärtig mit der »Ressource Zeit« umgehen und ob Sie bereits zu den Menschen gehören, die immer weniger Zeit haben.

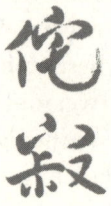

Der Fragebogen, den Sie auf den folgenden Seiten finden, folgt einer Idee von Aldon E. Wessman, die er bereits 1973 in seinem Artikel »Personality and the Subjective Experience of Time« formulierte. Den Hinweis auf diesen Test verdanke ich dem Berater und Trainer Gunter Rummert. Er baut auf vier verschiedenen Kategorien auf:

A. Zeitdruck: Wie schnell geraten Sie im Alltag unter Zeitdruck? Wie gut haben Sie Ihre Zeit im Griff? Wie gehen Sie damit um, wenn es einmal »eng« wird?

B. Langzeitorientierung: Wie wichtig sind Ihnen Planung und Ziele? Wie stark ist Ihr Vertrauen in das Leben? Wie wichtig ist Ihnen zu wissen, was die Zukunft bringt?

C. Zeitausnutzung: Wie gut können Sie Ihre Zeit organisieren? Wie viele Freiheiten nehmen Sie sich bei der Zeitgestaltung?

D. Zeitroutine: Wie gut können Sie bei einer Sache bleiben? Wie viel Abwechslung brauchen Sie? Wie wichtig sind Ihnen Ihre gewohnten Abläufe?

Bewerten Sie jede Aussage nach diesem Punktesystem:

1	stimmt nie
2	stimmt sehr selten
3	stimmt kaum
4	stimmt ab und zu
5	stimmt gelegentlich
6	stimmt häufig
7	stimmt immer

Die Auswertung finden Sie auf Seite 32 ff.

A. Wie schnell geraten Sie unter Zeitdruck?

1. Ich kann mich gut an neue und mir unbekannte Situationen anpassen.	1	2	3	4	5	6	7
2. Ich bin offen für alles, was die Zukunft mir bringt.	1	2	3	4	5	6	7
3. Wenn ich eine Sache plane, verlasse ich mich auf meine Erfahrung.	1	2	3	4	5	6	7
4. Meine täglichen Aktivitäten organisiere ich so, dass möglichst wenig Chaos entsteht.	1	2	3	4	5	6	7
5. Wenn mir danach ist, lege ich meine Arbeit beiseite und gönne mir etwas Erholung.	1	2	3	4	5	6	7
6. Ich denke, dass mein Leben im Allgemeinen in geregelten Bahnen verläuft.	1	2	3	4	5	6	7
7. Wenn es nötig ist, zögere ich nicht, meine Strategie zu ändern, um meine Ziele zu erreichen.	1	2	3	4	5	6	7
8. Ich habe eigentlich immer genügend Zeit für die Dinge, die ich tun möchte.	1	2	3	4	5	6	7
9. Bei der Arbeit folge ich meinem eigenen Rhythmus.	1	2	3	4	5	6	7
10. Ich habe kein Problem, meine Zeit auch anderen zur Verfügung zu stellen, wenn ich gebraucht werde.	1	2	3	4	5	6	7
11. Ich tue viele Dinge auf einmal und gehe dabei oft in unterschiedliche Richtungen.	1	2	3	4	5	6	7

12. Ich habe in der Regel zu wenig Zeit, um alles zu erledigen, was ich zu tun habe.	1	2	3	4	5	6	7
13. Ich fühle mich schnell unter Druck gesetzt und beeile mich dann, um die Dinge noch schneller zu erledigen, obwohl es mich überfordert.	1	2	3	4	5	6	7
14. Immer wieder stelle ich fest, dass eine Aufgabe schwieriger ist, als ich dachte.	1	2	3	4	5	6	7
15. Es kommt vor, dass ich mich überschätze, was die Schnelligkeit angeht, mit der ich eine Sache erledigen kann.	1	2	3	4	5	6	7
16. Ich fühle mich oft überlastet. Meine Verpflichtungen erdrücken mich.	1	2	3	4	5	6	7
17. Ich denke mir oft, dass es nicht gut für mich sein kann, wenn ich mich so hetze.	1	2	3	4	5	6	7
18. Ich neige dazu, die Menge an Arbeit, die ich in einer bestimmten Zeit erledigen kann, zu überschätzen.	1	2	3	4	5	6	7
19. Ich ertappe mich dabei, wie ich alte Fehler immer wieder begehe.	1	2	3	4	5	6	7
20. Oft habe ich keine Zeit mehr, obwohl noch wichtige Dinge gesagt oder getan werden müssten.	1	2	3	4	5	6	7

B. Wie wichtig sind Ihnen Planung und Ziele?

1. Wenn etwas auf lange Sicht geplant ist, gehe ich ganz gezielt darauf zu.	1	2	3	4	5	6	7
2. Oft habe ich das Gefühl, steckenzubleiben und nicht vorwärtszukommen.	1	2	3	4	5	6	7
3. Ich weiß, wohin ich gehe und was ich dafür tun muss.	1	2	3	4	5	6	7
4. Die Zukunft ist manchmal wie ein Vakuum, das mich aufsaugt.	1	2	3	4	5	6	7
5. Im meinem Leben folgt stets ein Schritt auf den anderen.	1	2	3	4	5	6	7
6. Manchmal denke ich, dass ich eher in die Zukunft getrieben werde, als freiwillig zu gehen.	1	2	3	4	5	6	7
7. In meinem Leben gibt es einige zentrale Ziele, um die herum ich alles plane.	1	2	3	4	5	6	7
8. Das Leben verläuft ruckweise: Manchmal läuft es wie geschmiert, während ein anderes Mal nichts klappt.	1	2	3	4	5	6	7
9. Wenn ich an meine Zukunft denke, ist alles ganz klar. Ich weiß genau, was auf mich zukommt.	1	2	3	4	5	6	7
10. Ich halte mir meine Zukunft gern offen.	1	2	3	4	5	6	7

	1	2	3	4	5	6	7
11. Die Jahre meines Lebens folgen eins aufs andere, gleichmäßig und ohne Unterbrechung.	1	2	3	4	5	6	7
12. Langfristige Verantwortlichkeiten lehne ich lieber ab.	1	2	3	4	5	6	7
13. Wenn ich mir die Zeit bis zu meinem Tod vorstelle, sehe ich einen geraden und übersichtlichen Weg vor mir.	1	2	3	4	5	6	7
14. Das Leben verläuft ohne Plan und Ziel.	1	2	3	4	5	6	7
15. Ich setze mir Ziele für die nächsten Monate und Jahre.	1	2	3	4	5	6	7
16. Die Zukunft ist für mich etwas Leeres und Unbekanntes.	1	2	3	4	5	6	7
17. Andere sind in der Regel geduldig mit mir.	1	2	3	4	5	6	7
18. Ich denke nicht an die Zukunft, sondern nehme die Dinge, wie sie kommen.	1	2	3	4	5	6	7
19. Mich interessiert, wie sich unsere Gesellschaft in Zukunft entwickeln wird.	1	2	3	4	5	6	7
20. Ich empfinde Zeit als unterbrochen und zerstückelt, da gibt es keinen kontinuierlichen Fluss.	1	2	3	4	5	6	7

C. Wie gut können Sie Ihre Zeit organisieren?

1. Es fällt mir leicht, nach Plan zu arbeiten.	1	2	3	4	5	6	7
2. Oft zögere ich zu lange, bis ich eine Sache in Angriff nehme. Dann muss ich auf einmal viel Arbeit in sehr kurzer Zeit schaffen.	1	2	3	4	5	6	7
3. Es gelingt mir, meine Zeit so einzuteilen, dass ich jeden Tag mein Pensum schaffe.	1	2	3	4	5	6	7
4. Ich könnte oft mehr leisten und mehr schaffen, wenn ich mich anstrengen würde.	1	2	3	4	5	6	7
5. Wenn ich eine Sache angehe, dann plane ich weit voraus und teile die Zeit ein.	1	2	3	4	5	6	7
6. Es vergeht viel Zeit, bis ich mich schließlich an die Umsetzung einer Sache mache.	1	2	3	4	5	6	7
7. Ich erledige meine Aufgaben in aller Regel pünktlich.	1	2	3	4	5	6	7
8. Ich bin praktisch in jeder Lebenslage zu spät dran.	1	2	3	4	5	6	7
9. Ich steuere meinen Arbeitsumfang selbst, indem ich genau weiß, wann ich mit einer Sache beginnen und wann ich sie beenden muss.	1	2	3	4	5	6	7
10. Ich lasse mir bei allem, was ich tue, Zeit.	1	2	3	4	5	6	7

11. Zuerst umreiße ich ein Ziel ganz klar in meinem Kopf und steuere dann ohne Umwege darauf zu.	1	2	3	4	5	6	7
12. Ich beschäftige mich mit den Aufgaben so, wie sie gerade kommen, und verfolge kein übergeordnetes Ziel dabei.	1	2	3	4	5	6	7
13. Meine Aktivitäten stehen für gewöhnlich mehrere Tage und Wochen im Voraus fest.	1	2	3	4	5	6	7
14. Ich gehe eher unsystematisch an meinen Alltag heran.	1	2	3	4	5	6	7
15. Ich habe ein gutes Gespür dafür, wie ich eine Sache am effizientesten erledigen kann.	1	2	3	4	5	6	7
16. Ich bin zu allem bereit, aber nicht wirklich vorbereitet.	1	2	3	4	5	6	7
17. Ich mache mich unverzüglich an die Erledigung einer Aufgabe, sobald sie gestellt ist.	1	2	3	4	5	6	7
18. Ich lasse mich von einer Sache zur nächsten treiben, ohne mir vorher ein größeres Ziel zu setzen.	1	2	3	4	5	6	7
19. Ich bin oft viel früher mit einer Sache fertig als vorgesehen.	1	2	3	4	5	6	7
20. Ob ich eine Sache anfange oder beende – ich bin eigentlich immer zu spät dran.	1	2	3	4	5	6	7

D. Wie gut können Sie bei einer Sache bleiben?

1. Es passiert mir häufig, dass ich Dinge, die ich gesagt habe, sofort wieder bereue.	1	2	3	4	5	6	7
2. Ich neige dazu, auf vertraute Situationen mit mir gewohnten Verhaltensweisen zu reagieren.	1	2	3	4	5	6	7
3. Meine Gefühle sind eher unbeständig und wechselhaft.	1	2	3	4	5	6	7
4. Ich glaube, dass ich mich gut selbst einschätzen kann.	1	2	3	4	5	6	7
5. Ich wechsle meine Neigungen und Vorlieben häufig.	1	2	3	4	5	6	7
6. Im Umgang mit anderen bin ich stets zuverlässig.	1	2	3	4	5	6	7
7. Gebrauchsgegenstände wie Bücher, Kleider und Möbel bleiben nicht lange in meinem Besitz. Ich stoße sie schnell wieder ab, um mir neue zu besorgen.	1	2	3	4	5	6	7
8. Ich versuche mir treu zu bleiben und mich von festen Prinzipien leiten zu lassen.	1	2	3	4	5	6	7
9. Was ich denke und fühle, kann sich von heute auf morgen ändern.	1	2	3	4	5	6	7
10. Was den Arbeitsstil anderer angeht, bin ich geduldig.	1	2	3	4	5	6	7

11. Routine-Tätigkeiten ermüden mich schnell. Ich lasse mich dann leicht ablenken.	1	2	3	4	5	6	7
12. Einen Fehler mache ich kein zweites Mal.	1	2	3	4	5	6	7
13. Manchmal bin ich über meine Art, auf Situationen zu reagieren, selbst ganz verblüfft.	1	2	3	4	5	6	7
14. Was ich anpacke, erledige ich konsequent und mit voller Konzentration.	1	2	3	4	5	6	7
15. Ich ändere oft meine Strategie, um mir neue Perspektiven zu eröffnen.	1	2	3	4	5	6	7
16. Ich glaube, dass sich mein Verhalten über all die Jahre kaum verändert hat.	1	2	3	4	5	6	7
17. Ich ändere meine Meinung häufig.	1	2	3	4	5	6	7
18. Wenn sich etwas für mich als richtig und stimmig herausgestellt hat, dann bleibe ich auch dabei.	1	2	3	4	5	6	7
19. Ich lasse mich leicht ablenken.	1	2	3	4	5	6	7
20. Was ich verspreche, halte ich auch.	1	2	3	4	5	6	7

Auswertung: Zeitmanager oder Zeitchaot?

Zählen Sie nun Tabelle für Tabelle Ihre Punkte zusammen und tragen Sie sie in die folgenden Balken ein:

A. Zeitdruck

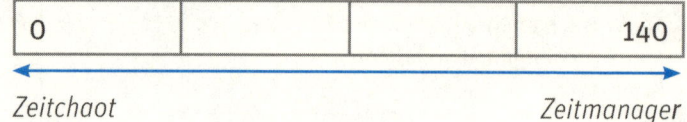

B. Langzeitorientierung

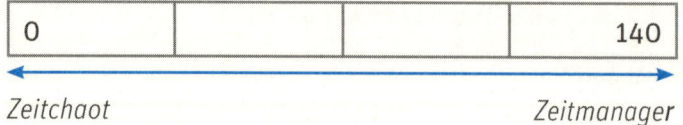

C. Zeitausnutzung

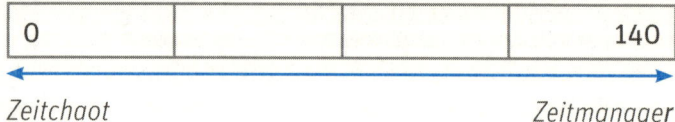

D. Zeitroutine

0			140

Zeitchaot   Zeitmanager

Zunächst betrachten Sie bitte nur die Balken B, C und D. Wenn Sie hier hohe Punktzahlen erreicht haben, gehören Sie zu den Menschen, die von anderen gern dafür bewundert werden, dass sie ihre Zeit im Griff haben. Nennen wir Sie daher den Zeitmanager: Was Sie sich vornehmen, das ziehen Sie auch durch, zielbewusst und das Ergebnis immer vor Augen. Ihre Kontinuität und Ihre Ausdauer sind vorbildlich. Routiniert planen und organisieren Sie Ihren Alltag, so dass Sie nur selten in die Verlegenheit kommen, einmal sagen zu müssen:»Tut mir leid, ich habe es nicht geschafft.« Auf Sie kann man sich verlassen, Ihre Versprechungen sind unverbrüchlich. Was Sie zugesichert haben, erhält oberste Priorität, und Sie ruhen nicht eher, bis Sie es zur Zufriedenheit aller erledigt haben.

Vielleicht haben Sie aber in den Balken B, C und D nur mäßig abgeschnitten. Dann gehören Sie eher zu der Gruppe von Menschen, die wir die Zeitchaoten nennen wollen: Ihnen gelingt es nicht so gut, sich den Anforderungen von Pünktlichkeit und Verbindlichkeit anzupassen. Immer wieder ertappen Sie sich dabei, wie Sie ins Schwimmen geraten, entweder weil Sie keine Lust haben oder sich schlicht und ergreifend verkalkuliert haben. Vielleicht begeistert Sie eine Angelegenheit so sehr, dass Sie im Überschwang das Gefühl für den dafür nötigen Aufwand verlieren, oder Sie sind sich Ihrer Sache so sicher, dass Sie ganz vergessen, dass sich die Dinge nicht von selbst erledigen.

Doch betrachten wir das Ergebnis genauer. Entscheidend ist zunächst nicht, ob Sie eher zu den Zeitmanagern gehören oder zu den Zeitchaoten. Wesentlich wichtiger ist: Sind Sie mit Ihrer Art und Weise, Ihre Zeit zu gestalten, glücklich? Gradmesser hierfür ist der Balken A. Er gibt Auskunft darüber, ob Sie eher dazu neigen, gestresst zu sein, oder ob Sie ganz gelassen Ihren Tätigkeiten nachgehen. Ob Sie von einem Termin zum nächsten hetzen oder ganz souverän Ihren Alltag meistern. Ob Sie Ihrem Leben mit großem Vertrauen begegnen oder sich Sorgen machen, was die Zukunft bringen wird. Je höher der Wert von A, umso gelassener gehen Sie an Ihren Alltag heran und umso weniger lassen Sie sich unter Druck setzen – ob Ihre Lebens- und Arbeitsweise nun mit allgemein akzeptierten Tugenden eher konform geht oder nicht. Ist dies bei Ihnen der Fall? Dann: Herzlichen Glückwunsch! Keine Zeit, und trotzdem glücklich, ist für Sie kein frommer Wunsch, sondern Wirklichkeit. Bleiben Sie dabei. Vielleicht finden Sie in diesem Buch ja noch die eine oder andere Anregung, wie Sie diesen Zustand weiter vertiefen können.

Befindet sich die Punktezahl jedoch im unteren Bereich, dann sind Sie ein Stresskandidat, und das ebenso unabhängig davon, ob Sie an und für sich eher einen chaotischen Umgang mit Zeit haben oder einen nach der Doktrin des Zeitmanagements nahezu perfekten. Für Sie wurde dieses Buch geschrieben.

Der Zeitchaot als Stresskandidat

Dass sich der Zeitchaot unter Druck gesetzt fühlt, ist leicht vorstellbar: Unsere Arbeits- und Leistungskultur baut auf Werten auf, die konträr zu denen des Zeitchaoten sind. Zuverlässigkeit, Ordentlichkeit, Selbstdisziplin und Pünktlichkeit stehen ganz oben auf der Skala der gesellschaftsfähigen Tugenden. Wer nun als Zeitchaot versucht, diesen Ansprüchen gerecht zu werden, hat es schwer. Zwar gibt es soziale Nischen, in denen die Vorgehensweise des Zeitchaoten durchaus Zuspruch findet, ja sogar als schick gilt, zum Beispiel unter Künstlern oder in bestimmten gesellschaftskritischen Kreisen, doch der Spielraum ist sehr eng – und nicht jeder strebt eine Karriere als Künstler oder Rebell an.

Stress ist dabei programmiert, denn mit seiner Lebensweise kann er nicht anders, als immerzu den allgemeinen Verpflichtungen hinterherzuhinken. Er muss sich in aller Regel verbiegen, um Schritt zu halten. Vielleicht wird er immer wieder neue Zeitmanagementsysteme ausprobieren, viel Geld in entsprechende Lektüre investieren, mit Begeisterung seinen Alltag entrümpeln, langsamer gehen, wenn er es eilig hat, mit Hilfe vom Mindmaps immer wieder aufs neue Prioritäten festlegen und guten Mutes aus teuren Zeitseminaren zurückkehren – in der Hoffnung, nun endlich einen Schlussstrich unter seine Laufbahn als Zeitchaot ziehen zu können, um dann nach einiger Zeit festzustellen, dass er sich immer noch wie ein Getriebener fühlt in einer Gegenwart, die von ihm verlangt, gegen sich selbst zu arbeiten, nur um dazuzugehören.

Es ist weniger der reale oder vermeintliche Mangel an Zeit, der den Stress hervorruft, sondern vielmehr der Zwang zur Anpassung, das Gefühl, permanent gegen den eigenen Rhythmus zu leben. Der Zeitchaot ist deshalb ein Stresskandidat, weil er sich ununterbrochen der Nötigung ausgesetzt sieht, ein anderer zu sein, als er im Grunde seines Herzens ist.

Die Tugenden unserer auf Effizienz und Produktivität ausgerichteten Gesellschaft erscheinen dem Zeitchaoten erstrebenswert, sind aber in Wirklichkeit Gift für seine Seele. Wie kann er sich von diesem Druck befreien? Indem er aufhört, zu glauben, dass seine Lebensführung schlechter sei als die des Zeitmanagers. Indem er erkennt, dass sich hinter dem, was das klassische Zeitmanagement als Schwächen und Defizite deklariert, kraftvolle Ressourcen befinden.

Anstatt sich mit aller Macht anzupassen und doch daran zu scheitern, sollten Sie umdenken: Betrachten Sie sich nicht als Versager, sondern als einen Menschen mit besonderen Fähigkeiten, der in dieser Zeitkultur erst ganz allmählich wieder wahrgenommen wird: Slow Life, Entschleunigung, neue Langsamkeit – diese Begriffe wirken zwar angesichts der Realität unseres Lebens- und Arbeitsalltags noch wie Worthülsen, aber sie weisen darauf hin, dass ein Bedürfnis der Menschen erwacht ist, das sich gegen das Immerschneller und Immermehr richtet, in dessen Strudel wir jahre- und jahrzehntelang hineingezogen wurden. Eine neue Lebensqualität bahnt sich ihren Weg in unser Bewusstsein – und ein Ausdruck davon ist die Ideenwelt von Wabi Sabi, die Philosophie des Unvollkommenen, welche die Schönheit des Vergänglichen hochhält und einen kräftigen Kontrapunkt zu der nach Perfektion strebenden Hochglanzkultur des Westens setzt.

Der Zeitmanager als Stresskandidat

Man möchte nun meinen, dass der Zeitmanager, der seine Zeit gut im Griff hat und dadurch in der Lage ist, den gesellschaftlichen Idealen angemessen zu dienen, frei von Stress und gut gelaunt sein Dasein fristet. Doch auch hier finden wir eine steigende Anzahl von Menschen, die genau das Gegenteil erleben: Trotz perfekter Planung, klar gegliederter Agenda und sauber abgehakter To-do-Liste leiden sie unter Stress und dem dauernden Gefühl, keine Zeit zu haben. Wie kann das sein?

Während der Zeitchaot seinen ganz alltäglichen Dingen nicht mehr gerecht wird, funktioniert der Zeitmanager so gut, dass er beginnt, sich über die Organisation seiner Zeit zu definieren. Der volle Terminkalender, das ununterbrochen klingelnde Handy, der stets knapp kalkulierte Zeitrahmen, das heitere Immer-gleich-zur-Sache-Kommen – all das ringt der Umwelt Anerkennung und Lob ab und hebt das Prestige des Zeitmanagers. Der Erfolg seiner Lebensweise macht ihn jedoch süchtig nach noch mehr

Erfolg und noch mehr Anerkennung. Und so wird jede Auszeit, jeder Zeitschnipsel genutzt, um dem Image des Unermüdlichen gerecht zu werden. Wo der Zeitchaot um seine Anerkennung kämpft, kämpft der Zeitmanager um die Erhaltung seiner Anerkennung.

Als Zeitmanager können Sie sich auf die Schulter klopfen, doch aus dem Schneider sind Sie nicht! Auch Sie spüren: Während Sie eifrig darum bemüht sind, die sich immer höher schraubenden Erwartungen zu erfüllen, geht Ihnen etwas Wesentliches verloren. Während Sie Ihren Zielen nachjagen und sich erfolgreich um die Erledigungen Ihrer To-do's kümmern, zieht das Leben an Ihnen vorüber. Während Sie Ihr Leben in Teilziele und Etappen gliedern, entschlossen den nächsten Schritt vorbereiten und sich siegessicher von Termin zu Termin hangeln, verlieren Sie den Kontakt zu sich selbst.

Auch hier hat die Zeitmanagementindustrie längst die Zeichen der Zeit erkannt und entsprechende Programme auf den Markt geworfen. »Entschleunigung« ist das neue Trendwort. Nun soll dem unter akuter Zeitnot leidenden Menschen bewusste Langsamkeit helfen. Vielleicht hat man ja erkannt, dass das zunehmende Tempo des Fortschritts immer mehr Menschen krank macht: Burn-out, Hurry-Sickness, Karoshi – das luxuriöse Leben auf höchstem Niveau fordert seinen Tribut. Also wird den Opfern Entschleunigung verordnet. Doch die Ziele sind die gleichen geblieben: Sie sollen das Tempo drosseln, um noch effizienter und effektiver arbeiten zu können. Dass aber der Drang nach immer mehr Effizienz möglicherweise die Ursache des Übels ist, wird nicht hinterfragt.

Auch hier stellt Wabi Sabi eine Antwort dar, die weit über die kosmetischen Eingriffe des modernen Zeitmanagements hinausgeht. Es stellt die Beschleunigung der

Welt insgesamt durch ein anderes Wertesystem in Frage, das zu einer Lebenshaltung führt, in der Beschleunigung ihren Sinn verliert. Wabi Sabi bietet nicht neue Methoden, um Ihr Leben noch geschmeidiger in die Erfordernisse der modernen Hochleistungsgesellschaft einzupassen. Es ist eher eine Haltung des »Nicht-mehr« als eine des »Immer-mehr« und »Immer-besser«. Wer sich die Ideen von Wabi Sabi zu eigen macht, spürt, dass alle Bemühungen, ein vollwertiges Mitglied der Gesellschaft zu sein, indem wir unsere Zeit immer mehr von den Erwartungen anderer abhängig machen, vergebens sind. Denn sie suggerieren uns, dass wir erst dann zufrieden sein dürfen, wenn wir die Vorgaben erreicht haben. Der Zeitmanager sitzt in dieser »Wenn-dann-Falle«: »Wenn du alle deine Aufgaben erledigt hast, dann kannst du dich entspannen.« »Wenn du das Ziel erreicht hast, dann kannst du stolz auf dich sein.« »Wenn du diesen Etappensieg errungen hast, wirst du endlich die verdiente Anerkennung bekommen.«

Alles befindet sich ununterbrochen in einem Zustand des Übergangs. Das ist die Natur der Zeit. Wenn wir uns mit diesem Gedanken vertraut machen, wird uns bewusst, dass unser Leben nicht die Dauerhaftigkeit, den zeitlichen Zusammenhang besitzt, den wir ihm im Alltag zubilligen. Zugleich erkennen wir ein weiteres Schlüsselprinzip von Wabi Sabi: im Einklang zu leben mit dem schöpferischen Augenblick, der hier und jetzt gerade ist.

Wabi Sabi eröffnet Ihnen die Möglichkeit, aus dieser Falle auszusteigen und Glück, Zufriedenheit sowie Anerkennung aus dem Hier und Jetzt zu schöpfen. Und es zeigt Ihnen, wie ein anderes Zeitverständnis, in dem ein Zeitpunkt nicht ein Termin ist, sondern ein Augenblick voller Schönheit und Freude sein darf, Ihnen mehr Gelassenheit gibt.

Am kahlen Astwerk
Vom ersten Frühlingsregen
Die runden Perlen.
Kyoshi

Im Abendwinde
Die weißen Rosenblüten
Erbebten alle.
Shiki

Grad heute Morgen
Fiel leise und ganz heimlich
Das erste Blatt ab.
Issa

Auf Feld und Hügel
Regt sich kein lebend Wesen
Im Schnee des Morgens.
Chiyo-ni

39

Zeit oder keine Zeit – das ist hier die Frage

Wann hatten Sie zuletzt keine Zeit? Mit dieser provokanten Frage haben Sie sich gleich zu Beginn Ihrer Lektüre auseinandergesetzt. Und schon da wurde klar, wie falsch und gleichzeitig richtig dieser Satz ist: Er ist falsch, weil Zeit kein Gut ist, das wir besitzen können, sondern zu den grundlegenden Erfahrungen des Daseins gehört. Er ist wahr, weil eben niemand Zeit haben kann, es ist also absurd zu behaupten, man hätte Zeit für etwas. Dennoch begründen wir unseren Stress häufig damit, dass wir »keine Zeit« haben.

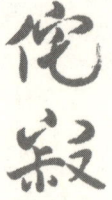

Aber woher kommt dann dieses ständige Empfinden von Zeitmangel, wenn Zeit zu haben nicht das Problem ist? »Zeitmangel«, so der Wissenschaftsjournalist Stefan Klein, »kann die Stressreaktion des Körpers zwar verstärken, selbst aber nie ihre Ursache sein. Denn wir fürchten ja nicht, dass die Uhrzeiger sich einer bestimmten Stelle auf dem Ziffernblatt nähern, sondern den Ärger, den wir bekommen, wenn unsere Aufgaben bis dahin unerledigt bleiben.« Es ist also nicht die Zeitknappheit, die uns krank macht, sondern die Angst vor dem, was passiert, wenn wir nicht schaffen, was wir uns als Vorgabe gesetzt haben oder was uns als Vorgabe gesetzt wurde.

Termindruck ist für die meisten Menschen kein Problem – wenn sie das Gefühl haben, Herr der Lage zu sein. Das heißt: Solange wir die Kontrolle über die Abläufe haben und sich alles nach Plan entwickelt, fühlen wir uns kaum gestresst, egal, wie viel wir zu tun haben und wie wenig Zeit uns letztlich für uns bleibt. Sobald wir aber einer Situation hilflos ausgeliefert sind und wir keinen Einfluss auf das Geschehen haben, setzt die Stressreaktion des Körpers ein. Typisches Beispiel: Sie haben einen dringenden Termin und stecken mit Ihrem Wagen im Stau fest. Es ist die Machtlosigkeit, die uns krank macht. Das Interessante dabei: Dies hebelt den alten Mythos vom Stress als Manager-Krankheit aus, also als Merkmal von Menschen, die viel Verantwortung zu tragen haben. Tatsächlich belegen Untersuchungen, dass es einen Zusammenhang zwischen Lebenserwartung und hierarchischem Rang gibt – jedoch in genau umgekehrter Ordnung als vielleicht vermutet: Je niedriger ein Mensch in der Hierarchie steht, umso häufiger ist er krank! Und das, obwohl die Wochenarbeitszeit in der Chefetage erwiesenermaßen höher ist als in den Büros der Untergebenen. Fakt ist, dass der Stress zunimmt, je weniger ein Mensch selbst über seine Zeit bestimmen kann. Je stärker er den Eindruck hat, dass andere seine Zeit kontrollieren, umso größer ist das Risiko, an den Folgen von Stress zu sterben – zum Beispiel an einem Herzinfarkt oder an einem Schlaganfall.

Fazit: Das Gefühl von Zeitknappheit rührt weniger von einem tatsächlichen Mangel an der Ressource Zeit her, sondern vom Gefühl, gegen den eigenen Willen verplant zu sein. Die Hauptursache für Stress und die daraus folgenden Krankheiten sind der Verlust dessen, was wir die Eigenzeit nennen wollen.

Von keiner Zeit zu Eigenzeit

Eigenzeit – das ist Zeit, die Sie aus Ihrer ganz individuellen Perspektive erleben. Es ist die Zeit, über die Sie selbst verfügen möchten, frei von den Beeinflussungen der Umwelt. Die Wissenschaftstheoretikerin Helga Nowotny, die diesen Begriff geprägt hat, erkennt darin das zunehmende Bedürfnis der Menschen nach »Zeitsouveränität« inmitten der Diktatur der globalen Gleichzeitigkeit, in die der moderne Mensch eingebunden ist, ob er will oder nicht: Nachrichten aus aller Welt, Börsenkurse, Fernsehen via Satellit, Internet, Mobilfunk – all diese technologischen Errungenschaften erleichtern dem Menschen das Leben und verbinden ihn auf eine noch nie dagewesene Weise mit dem Weltgeschehen. Gegenwart ist überall. Es spielt keine Rolle, wo man gerade ist, man hat immer die Gelegenheit, an allem teilzunehmen.

Dieses Weltgeschehen vollzieht sich aber in einer der Eigenzeit diametral gegenüberstehenden Zeit, die nicht nach individuellen Bedürfnissen organisiert ist, sondern nach den Spielregeln der Gesellschaft. Es ist die Zeit, der wir uns unterwerfen müssen, wenn wir Teil des Ganzen sein wollen. Wir können sie die Zeit der anderen oder einfach Fremdzeit nennen.

Unter Fremdzeit ist die Zeit zu verstehen, die über Sie verhängt wird. Hier müssen Sie sich gegen Ihren Willen den Anforderungen der Umwelt unterwerfen, den Aufträgen Ihres Chefs, den Bedürfnissen Ihrer Familie, den Öffnungszeiten der Supermärkte, den Ampelphasen. In der Fremdzeit büßen Sie die Fähigkeit ein, Ihr Leben selbst in die Hand zu nehmen, es schöpferisch zu gestalten.

Das Verhältnis von Eigenzeit und Fremdzeit bestimmt, wie gestresst Sie sind – und nicht das Verhältnis von Arbeitstagen und Urlaubstagen. Das Gefühl von Zeitknappheit spiegelt nichts anderes wider als die Abnahme von Eigenzeit und die Zunahme von Fremdzeit in Ihrem Leben.

Die Verwaltung des Zeitmangels

Es kann nur das knapp werden, was viele begehren und wovon nur wenig vorhanden ist. Wofür sich niemand interessiert, das kann auch nicht knapp werden, selbst wenn es davon nur wenig geben sollte. Wie wir gesehen haben, kann Zeit an sich nicht knapp werden, denn Zeit ist einfach – sie wird nicht weniger und sie wird auch nicht mehr. Worauf wir uns in Wirklichkeit beziehen, wenn wir von knapper Zeit sprechen, ist die Einschränkung der Möglichkeiten, unsere Zeit frei zu gestalten – die Einschränkung der Eigenzeit.

Woher aber kommt dieses Gefühl, nie genug Zeit zu haben? Die Erziehungswissenschaftlerin Marianne Gronemeyer sieht darin ein Merkmal der in weiten Teilen der Welt vorherrschenden Marktwirtschaft mit ihrem Diktat von Angebot und Nachfrage. Knappheit ist eine Strategie der Macht in diesem System, denn Knappheit erzeugt Bedürfnisse – und Bedürfnisse erzeugen Nachfrage, die wiederum die Wirtschaft ankurbelt. In dem Augenblick, in dem etwas zu einem knappen Gut erklärt wird, wird auch die Produktion dieses Guts gerechtfertigt. Was aber, wenn das Bedürfnis befriedigt ist? Dann werden neue Bedürfnisse geweckt. So kommt es zu der seltsamen Situation, dass wir in einer Überflussgesellschaft leben und dennoch permanent von dem Gefühl verfolgt werden, von allem zu wenig zu haben. Der wirtschaftlichen Macht kann dies nur recht sein, denn unser System würde zusammenbrechen, wenn die Menschen plötzlich aufhören würden, irgendetwas zu wollen und dafür Geld auszugeben. Aus dem gleichen Grund schafft Produktionssteigerung keinen Überfluss, sondern weitere Knappheit, denn ihr Ziel ist nicht die Befriedigung unserer Bedürfnisse, sondern das Erzeugen neuer Bedürfnisse.

Überall dort, wo wir ein Bedürfnis verspüren, sind wir mit Knappheit konfrontiert, denn wir sind nur bedürftig gegenüber Dingen, die wir (noch) nicht haben. Zugleich bedeutet dies, dass das, wonach wir ein Bedürfnis habe, uns offensichtlich nicht frei zugänglich ist – es steht uns nicht selbstverständlich zur Verfügung. Der Zugang muss uns erst gewährt werden, und das bedeutet, dass eine Gegenleistung erwartet wird, sei es in Form von Geld, von Leistung oder von Befolgen von Regeln.

Wohlgemerkt: Es besteht ein Unterschied zwischen temporärer Not und einem ununterbrochen in uns geweckten Bedürfnis nach Mehr und immer Neuem. Unsere Marktwirtschaft basiert offensichtlich nicht darauf, die grundlegenden Überlebensbedürfnisse des Menschen zu sichern, sondern darauf, in uns Bedürfnisse zu wecken, die unsere

Kauflust für Dinge und Angebote wecken, die wir brauchen sollen, von denen aber nicht unser Überleben abhängt. Wie können solche Bedürfnisse geweckt werden? Indem die äußeren Verhältnisse so gestaltet werden, dass die Bereitschaft zur Entwicklung dieser Bedürfnisse in den Menschen steigt. Ziel ist es, für jedes geweckte Bedürfnis das entsprechende Angebot parat zu haben. Sehen Sie sich an dieser Stelle in Ihrer Wohnung um: Wie viele von den Gegenständen, die Ihnen ins Auge fallen, sind wirklich nötig, um Ihr tägliches Überleben zu sichern? Und was hat Sie dann veranlasst, diesen Gegenstand zu kaufen? Welches vermeintliche Bedürfnis befriedigen all diese Dinge, die Sie letztlich gar nicht wirklich benötigen?

Wenn es nicht mehr um die Sicherung des nackten Überlebens geht, was ist dann das Versprechen der Produktionssteigerung? Die immer bessere Konsumierbarkeit der Produkte, die Vereinfachung des Lebens und die Steigerung des Wohlstands. Die Gegenstände sollen das Leben immer einfacher und leichter machen und uns immer mehr Arbeit abnehmen.

Im Grunde müssen wir immer weniger selbst machen: Niemand von uns muss mehr ein Regal bauen, geschweige denn ein ganzes Haus. Kleidung kaufen wir fix und fertig von der Stange, unsere Nahrungsmittel finden wir schon vorgefertigt im Tiefkühlfach des Supermarkts, und niemand muss für Fortbewegung noch Zeit und Mühe aufwenden. Auch Wissen muss sich niemand mehr mühevoll aneignen: Im Internet finden wir alles, was wir an Informationen benötigen. Wir sparen uns jede Menge Zeit – und das ist doch genau das, wovon wir am wenigsten haben. Das Problem dabei: Die Geräte helfen uns, Zeit zu sparen, sorgen aber nicht zwingend für mehr Eigenzeit!

Parallel dazu taucht noch ein Problem auf: Wir können auch immer weniger von dem, was wir nicht mehr müssen. Anders ausgedrückt: Während uns immer ausgefeiltere Dinge den Alltag vereinfachen, während wir der Illusion unterliegen, sie würden uns dadurch mehr Zeit schenken, rauben sie uns in Wirklichkeit die Fähigkeit, unser Leben selbst in die Hand zu nehmen. Wir werden immer bequemer und diese Bequemlichkeit befriedigt uns nicht einmal mehr, sondern macht uns immer hungriger nach noch mehr Bequemlichkeit. So ist es zum Beispiel noch gar nicht lange her, da mussten wir uns, um ein Bahnticket zu kaufen, noch auf den Weg zum nächstgelegenen Bahnhof machen. Erinnern Sie sich? Dann revolutionierte das Internet die Situation, und heute ist es gang und gäbe, sich seinen Sitzplatz samt Fahrkarte binnen weniger Minuten online zu buchen und gleich auszudrucken. Welch eine Zeitersparnis! Viele scheinen das jedoch bereits vergessen zu haben, und so wird es bereits zum Ärgernis, wenn die Verbindung zum Internet in verkehrsreichen Zeiten manchmal etwas zu wünschen übrig lässt – und wir ein paar Minuten länger vor dem Bildschirm verbringen müssen …

Das Leben als letzte Gelegenheit

Der Mensch ist ein endliches Wesen. Auch wenn wir nicht wissen, was der kommende Tag bringen mag, eines ist so sicher wie das Amen in der Kirche – irgendwann hat unser letztes Stündlein geschlagen. Noch im Mittelalter war die Lebenszeit etwas, das als Geschenk Gottes betrachtet wurde, dem Herrn der Zeit. Er allein bestimmte, wann es mit uns zu Ende gehen soll. Anfang und Ende des Lebens und auch die dazwischenliegende Lebensspanne lagen ganz in seiner Hand.

Auch hier hat sich seither einiges geändert. Mittlerweile erlebt sich der Mensch nicht mehr als ein Geschöpf Gottes, sondern als Wesen, das sein Leben bewusst und selbständig gestaltet. Der Mensch ist zum Schöpfer seines Lebens geworden. Er muss sich nicht mehr mit dem zufriedengeben, was ihm irgendeine höhere Macht zugestehen mag. So weit, so gut. Geblieben aber ist die Begrenztheit seines Daseins, die Tatsache, dass sein Leben nur eine bestimmte Spanne umfasst, während sich die Welt um ihn herum immer schneller verändert und immer neue Möglichkeiten der Erfahrung produziert. Lebte der Mensch früher in dem Vertrauen, dass ihm genau das Leben widerfahren würde, das ihm bestimmt sei, weiß er heute, dass er für das, was er aus seinem Leben macht, selbst verantwortlich ist. Im besten Fall ist er derjenige, der festlegt, was sich in dieser Spanne, genannt Leben, abspielt und was nicht. Das Problem: Die Möglichkeiten haben sich dank der rasanten Entwicklung in allen Bereichen derart vervielfacht, dass ein Leben schier nicht mehr ausreicht, um alles zu erleben, was es zu erleben gibt. Es existiert ein Überangebot an Möglichkeiten, das uns immer wieder vor Augen führt, wie knapp unser Leben eigentlich bemessen ist und wie schnell wir etwas versäumen, das für uns vielleicht besonders wichtig ist. Zeitknappheit ist das Grundgefühl eines Lebens geworden, das nicht ausreicht, um alle Möglichkeiten, die sich ihm bieten, auszukosten.

Die Bilanz zwischen den Chancen, die wir wahrnehmen und ergreifen können, und denen, die wir schlichtweg versäumen, die Ausbeute an Gelegenheiten, fällt immer ungünstiger aus. Wir sehen uns in einem Wettlauf mit der Zeit gefangen, in dem es nur um eines geht: Zeit zu gewinnen, um mehr von der Welt zu haben.

Das Credo des beschleunigten Menschen lautet daher: Spare Zeit, wo du nur kannst, denn das Leben ist kurz! Eine Möglichkeit, das Leben auszukosten, besteht darin, sich auf das zu beschränken, was es angenehm und erträglich macht. Wenn wir uns schon beschränken müssen, dann doch bitte auf die schönen Dinge des Lebens! Das Streben nach einem möglichst sorgenfreien Leben, ohne Schattenseiten, ohne Leid und Schmerz, ist das Ziel. Das Dunkle und Abgründige haben darin keinen Platz mehr, weil es unsere Pläne durchkreuzt und den reinen Mehrwert des Lebens schmälert. Vor allen Dingen Krankheit, Alter und Tod dürfen darin nicht vorkommen, auch keine Zufälligkeiten und Unwägbarkeiten, denn solange das Leben dem Menschen zustoßen könnte, hat er nicht die Wahl zwischen den guten und den schlechten Seiten des Lebens, sondern ist ihm schonungslos ausgeliefert. Davon möchte der moderne Mensch jedoch nichts wissen. Sein Leben soll einfach und heiter sein.

Leidvermeidung und Absicherung, die Angst vor dem Alter und der Einsamkeit, das Fernhalten aller unliebsamen Erfahrungen – diese Bedingungen eines beschleunigten Lebens führen dazu, dass wir empfänglich werden für die Taktiken des Zeitgeists. Wir können uns faktisch gegen alles versichern, und die Modeindustrie, die Kosmetikindustrie sowie die plastische Chirurgie sorgen dafür, dass die Kennzeichen des natürlichen Verfalls hinausgezögert werden. Wir werden überschüttet mit Angeboten, die uns Spiel, Spaß und Spannung garantieren. Trauer und Verzweiflung gehören nicht mehr zu unserem Alltag, wir wollen glückliche Menschen sehen, und deshalb warten schon Bataillone von Therapeuten auf uns, um uns wieder lebensfroh zu machen. Touch and go: Nur noch oberflächlichste Berührungen zwischen uns und der Welt können

48

garantieren, dass wir nicht mit dem Leiden anderer infiziert werde. Zugleich aber verflacht die Tiefe der Erfahrung – und immer mehr Menschen spüren, dass ihnen auf diese Weise etwas Wichtiges fehlt. Nichts verwandelt uns mehr, wir erstarren förmlich zu einem leblosen Abziehbild unserer selbst.

Ein weiteres probates Mittel, Lebenszeit einzusparen, ist, sich die Welt jederzeit griffbereit und verbrauchsfertig zu halten. Wenn alles, was wir zum Leben benötigen – von Nahrungsmitteln über Dienstleistungen bis hin zu Problemlösungen –, immer fix und fertig zur Verfügung steht, wir uns selbst keine Gedanken mehr machen müssen, dann ist die Zeitersparnis enorm. Was dabei jedoch verloren geht: sich selbst als Ursprung seiner Welt zu erleben und selbständig schöpferisch auf sie einzuwirken. Die Menschen verlernen immer mehr, die ihnen von der Natur mitgegebenen Fähigkeiten aktiv einzusetzen, und berauben sich dadurch der Möglichkeit, sich selbst in der Welt zu verewigen. Und noch etwas verlieren wir: die Freude daran, uns zu beteiligen, aktiv an der Schöpfung der Welt mitzuwirken. Wir begegnen uns nicht mehr selbst, wenn wir unser Leben nur noch aus verbrauchsfertigen Teilen zusammensetzen, anstatt selbst Hand anzulegen, und verringern damit unsere Gelegenheiten, uns selbst zu erfahren. Die Welt versiegt als Quelle der Selbsterfahrung und ist nur noch ein großer Selbstbedienungsladen.

Zeit zu leben statt Lebenszeit

Alexander war gerade zum obersten Feldherrn gewählt worden. Von allen Seiten strömten Gratulanten herbei, nur einer blieb aus: der berühmte Philosoph Diogenes. Da beschloss Alexander, ihn in Begleitung einiger Offiziere aufzusuchen. Diogenes lag gerade in der Sonne, als Alexander mit seinem Gefolge erschien und fragte, ob er etwas für ihn tun könne. Diogenes aber antwortete: »Geh mir einfach nur aus der Sonne.« Alexander darauf zu seinen Leuten: »Wäre ich nicht Alexander, wollte ich Diogenes sein.«

Auch wenn sich Alexander der Große und der Philosoph wahrscheinlich nie getroffen haben, schildert diese Anekdote doch sehr eindrücklich zwei Lebensformen, wie sie unterschiedlicher nicht sein könnten: der machthungrige, ehrgeizige und eroberungswillige Feldherr und der bedürfnislose Denker.

Ohne Zweifel entspricht die Haltung Diogenes' am ehesten der, die wir als Wabi Sabi bezeichnen können. Sein Wunsch beschränkt sich auf den gegenwärtigen Augenblick anstatt sich in Erwartungen in Bezug auf die Zukunft zu ergehen. Was würden Sie sich wünschen, wenn Ihnen der mächtigste Mann der Welt einen Wunsch gewährte?

Aber können wir uns einen Menschen ohne Bedürfnisse wirklich vorstellen? Einen Menschen, der nichts haben will und der Kultur der Knappheit und des Mangels den Rücken kehrt? Aus der Sicht eben jener Kultur erscheint dieser nicht bedürftige Mensch als Zerrbild des faulen, apathischen, tatenlosen Menschen. Wir können uns kaum vorstellen, wie dieser so ganz ohne Erkenntnisdrang und Hunger nach immer mehr sein Leben sinnvoll gestalten kann. Wir haben uns so sehr an den Menschen als konsumierendes und bedürftiges Wesen gewöhnt, dass uns eine andere Vorstellung fremd, ja sogar absurd erscheint.

Wabi Sabi aber steht genau für dieses Menschenbild, das dem Menschen nicht unterstellt, nur aus reiner Bedürfnisbefriedigung zu handeln, sondern auch aus einem Gefühl des Überschwangs und der Lust am Leben. Wabi Sabi weckt im Menschen Unternehmungslust, Experimentierfreude, seinen Forschergeist und den Spaß an Neuem – Lebensregungen, die in einem Klima der Knappheit nicht gedeihen wollen. Nicht die Bedürfnisse steuern unseren Zugang zur Welt, sondern der Wunsch, uns selbst auszuprobieren. Die Welt fordert den Menschen auf, die in ihm angelegten Fähigkeiten und Talente anzuwenden, zu entfalten und zu entwickeln. Sie ist ein riesiger Schauplatz: Sie lädt uns zum Schauen ein, zum Betrachten und dazu, das Unvollkommene an ihr zu entdecken – vielleicht um uns daran auszuprobieren, vielleicht aber auch nur, um es in seinem So-Sein zu belassen.

Wabi Sabi bezieht uns in die Welt mit ein, während wir über die Bedürfnisse auf die Welt bezogen sind. Anstatt etwas zu erschaffen, lassen wir uns beliefern, anstatt tätig zu werden, erwarten wir fertige Produkte. Durch die Begegnung mit der Welt werden wir nicht fähiger und erfahrener, sondern bestenfalls routinierter. Die Bedürfnisbefriedigung ersetzt das Lernen. Das, was wir betrachten, verwandelt uns nicht mehr, sondern wir addieren es lediglich zu den Dingen, die wir schon besitzen.

Wabi Sabi heißt, in der Zeit zu leben. Wir können mit ihr nicht wie mit einem Gegenstand, einem Stoff oder einer Materie umgehen, die wir haben beziehungsweise nicht haben. Sie ist etwas, in dem wir leben, das uns umgibt, in das wir eingebettet sind, wie wir in einen Raum eingebettet sind. Insofern gibt es keinen richtigen oder falschen Umgang mit der Zeit, sondern nur ein sich passend oder nicht passend in der Gegenwart Eingerichtethaben.

Entweder erleben wir die Zeit, in der wir leben, als bereichernd und stärkend, oder wir erleben sie als schwächend. Das hat nichts damit zu tun, dass wir in die Zeit hineingestellt werden, wie in ein möbliertes Zimmer, sondern damit, wie wir uns in der Zeit eingerichtet haben. Wir bestimmen letztlich, wie es uns in einem Augenblick ergeht.

Wabi Sabi sieht die Zeit nicht als endlose Kette von Zeitpunkten, sondern als ineinander übergehende Augenblicke. Dauer ist nicht das Kriterium für einen Vorgang, sondern Erleben. So können Stunden wie im Flug vergehen und Sekunden eine Ewigkeit andauern – die Zeit kann sogar für Momente völlig stillstehen. Jeder von uns kennt dieses Phänomen: Die empfundene Zeit weicht oftmals von der tatsächlich vergangenen ab. Ein peinlicher Moment scheint nie aufzuhören, während uns ein Glücksmoment viel zu schnell wieder verlässt. Die Dauer der empfundenen Zeit hängt also sehr davon ab, was wir in ihr erleben.

Wabi Sabi bewertet einen Augenblick nicht danach, was er uns bringt und welche Bedeutung er im Rahmen eines übergeordneten Ganzen haben mag. Der Sinn eines Augenblicks liegt im Auge des Betrachters.

Wir entscheiden nicht nur, welche Bedeutung ein Ereignis für uns hat, sondern auch, ob es überhaupt eine Bedeutung haben muss. Je weniger wir etwas, das geschieht, bewerten, umso eher erschließt sich uns das Wabi Sabi der Welt um uns herum.

Während unser Leben in unserer Kultur zur begrenzten Zeit geworden ist, zur sogenannten Lebenszeit, betrachtet Wabi Sabi die Zeit als Leben. Im folgenden Kapitel werden wir uns ausführlich mit dem Zeitverständnis von Wabi Sabi auseinandersetzen. Doch bevor wir das tun, möchte ich für Sie die wesentlichen Unterschiede zwischen der Lebenszeit und der Zeit zu leben in der folgenden Übersicht zusammenfassen:

Lebenszeit	Zeit zu leben
Das Leben ist eine zeitlich begrenzte Spanne zwischen Geburt und Tod. Zeit ist ein knappes Gut.	Zeit ist überreichlich vorhanden.
Der Tod gehört nicht zum Leben.	Der Tod gehört zum Leben.
Vergänglichkeit und Alter sind Feinde des Lebens.	Vergänglichkeit und Alter sind Ausdruck des Lebens.
Jeder gelebte Augenblick schmälert das Lebenszeit-Konto.	Jeder gelebte Augenblick bereichert das Leben.
Es ist wichtig, jeden Augenblick möglichst intensiv zu leben und ihn mit möglichst viel Inhalt zu füllen.	Jeder Augenblick bietet von sich aus eine Überfülle an – wir können daraus schöpfen oder eben nicht.
Da das Leben kurz ist, müssen wir immer mehr und immer schneller erleben.	Das Leben ist mehr als genug. Wir können ihm mit heiterer Gelassenheit begegnen.

Wabi-Sabi-Zeit – Zeit zu leben

In der östlichen Weltanschauung finden wir ein völlig anderes Verständnis von Zeit. Es ist geprägt von der Schönheit des Vergänglichen und bildet ein wohltuendes Gegenkonzept zu unserer Kultur der ständigen Zeitknappheit.

DIE BEDEUTUNG VON WABI SABI

In dem Begriff Wabi Sabi schwingen zu viele Nuancen und Assoziationen mit, als dass er sich auf wenige Worte begrenzen ließe. Unser Bedürfnis nach Eindeutigkeit und Klarheit muss hier scheitern, denn die Idee von Wabi Sabi ist vielschichtig, vieldeutig und vage. Sich darauf einzulassen, ist für uns schon die erste Übung in Wabi Sabi.

Der intuitive Zugang zur Sprache ist hier wichtiger als der, Wörter lexikalisch korrekt einordnen zu können. In der Tradition des Zen wird Mehrdeutigkeit angestrebt, um den Geist nicht dazu zu verleiten, sich an irgendwelche Wahrheiten zu klammern.

Eine Ahnung davon, was mit Wabi Sabi gemeint ist, stellt sich über einen eher fühlenden Zugang zu diesen Begriffen ein und weniger über den Verstand. Auf der Ebene der Intuition erreicht uns das, was Wabi Sabi ist – und auch, was es nicht ist.

Wabi – die Sehnsucht nach dem Wesentlichen

Wabi bedeutet so viel wie »sich nach etwas sehen«, wobei Assoziationen von »einsam« und »elend« mitschwingen. Spüren Sie diesen Worten für einen Moment nach. Welche Bilder steigen in Ihnen auf, welche Landschaften sehen Sie vor Ihrem geistigen Auge? Nehmen Sie sich Zeit, um ein Bild zu entwickeln, das Ihnen entspricht.

Auch wenn Wörter wie »elend« und »einsam« in der Regel einen negativen Beigeschmack für uns besitzen, entsteht in Verbindung mit Sehnsucht so etwas wie ein Verlangen nach Einsamkeit, nach Schlichtheit. Ein Leben, befreit von den Zwängen der materiellen Welt. Armut war schon bei den Zen-Mönchen ein hohes Ideal, denn wer die Bindung an die Materie hinter sich lässt, gewinnt Freiheit und findet den Zugang zu einem spirituelleren Verständnis der Welt. Das einfache Leben auf dem Land, der Einsiedler in seiner Klause, die Unberührtheit eines abgeschiedenen Winkels in der Natur: All diese Bilder sind Ausdruck von Wabi.

Es hinterfragt unsere Bindungen an die materielle Welt und die damit verbundenen Verlustängste. Die Sorgen, die uns überkommen, wenn wir an all das denken, was wir verlieren könnten – unseren Partner, unseren Job, unseren Besitz, unser Prestige –, verlieren so an Bedeutung. Wabi ist ein Zustand, in dem diese Ängste keine Macht über uns haben, denn unsere Aufmerksamkeit richtet sich auf ein Leben, das reduziert ist auf das Wesentliche, auf das, was uns wirklich wichtig ist. Viele Menschen erleben es als befreiende Vorstellung, allen Ballast hinter sich zu lassen. Der Schlüsselgedanke von Wabi ist die Befreiung der Zukunft: Wir sehnen uns nach etwas, aber das, wonach wir uns sehnen, ist nichts, auf das wir hinarbeiten müssen, sondern etwas, das wir in dem Augenblick finden, der uns gerade umgibt. Wabi ist in diesem Sinne kein Bedürfnis, kein Kennzeichen von Mangel, sondern bedeutet, zu akzeptieren, dass die Zukunft ungewiss ist und ungewiss bleibt.

Wenn wir uns von allen Einflüssen, Ansprüchen und Erwartungen an unsere Zukunft frei machen und beginnen, uns ganz auf uns selbst zu konzentrieren, bringt uns das in Berührung mit dem, was Wabi ausmacht: die Sehnsucht nach etwas, das sich aus unserer inneren Mitte erhebt, nach etwas, das wir von ganzem Herzen sind und das nur wir sein können. Wenn wir all unser Sehnen darauf richten, ganz wir selbst zu sein, verliert die Angst vor dem Verlust dessen, was wir haben, ihre Macht über uns, weil wir wissen, dass alles, was wir für ein glückliches und sinnerfülltes Leben brauchen, bereits in uns vorhanden ist – und zwar hier und jetzt.

Sabi – die Schönheit des Vergänglichen

Während sich Wabi auf unsere Sehnsucht nach einem einfacheren Leben bezieht und uns mit unseren Erwartungen an die Zukunft konfrontiert, wendet sich Sabi eher an unsere Vorstellungen von der Vergangenheit.

Wenn der Sommer sich verabschiedet hat, wenn die Blätter an den Bäumen sich erst gelb, dann rot färben und schließlich verwelkt zu Boden fallen und Nebelkrähen über den Feldern aufsteigen, entsteht ein Gefühl, das Sabi sehr nahekommt. In ihm schwingt die Melancholie des Herbstes, der Jahreszeit, in der die Vergänglichkeit alles Lebendigen besonders präsent ist. In dieser Zeit wird uns klar: Alles verändert sich, nichts bleibt, wie es ist, und alles findet irgendwo sein Ende.

Sabi begegnet uns auch in alten verfallenen Häusern, an abgelegenen Orten, an denen die Zeit stehengeblieben zu sein scheint, auf vergilbten Fotos, in der Patina alter Möbel und dem Geruch vergangener Tage.

Wabi Sabi lehrt uns, dass die Vergangenheit vorbei, aber nicht verloren ist. Sie zeigt sich in den Spuren, die sie in der Gegenwart hinterlassen hat. Und diese Spuren wecken Erinnerungen in uns.

Nostalgie kommt der Stimmung von Sabi sehr nahe, jenes Gefühl, das uns überkommt, wenn wir uns an unsere Jugend erinnern, an eine verflossene Liebe oder an Augenblicke unseres Lebens, in denen wir glücklich waren und die nun der Vergangenheit angehören. Sabi bedeutet, sich den Prozessen der Veränderung nicht entgegenzustellen, sondern sie als natürlichen Teil des Lebens zu akzeptieren, ja sogar den Gedanken an die Endlichkeit der Welt zu einer Kraftquelle für die Gegenwart zu machen. Aber mehr als einen Anflug von Melancholie kennzeichnet Sabi nicht. Eher gleicht es einer heiteren und gelassenen Haltung angesichts der Flüchtigkeit des Augenblicks und der Unbeständigkeit der Welt. Alter, Einsamkeit, Sterben und Tod – mit den Augen von Sabi betrachtet, verlieren sie ihren Schrecken und bewahren ihre natürliche Schönheit.

Doch diese Erinnerungen sind Empfindungen, die auftauchen und verschwinden. Sie sind nichts Substanzielles, nichts Festes, sondern ebenso flüchtig wie der gegenwärtige Augenblick. Sabi zeigt uns, dass das, was geworden ist, auch wieder vergehen muss – genau wie unsere Erinnerungen. Wenn wir versuchen, unsere Erinnerungen festzuhalten, binden wir uns an die Vergangenheit mit all ihren Nöten und Sorgen, verpassten Chancen und Schuldgefühlen. Sabi aber ist die Befreiung von der Vergangenheit als Schicksal.

Wabi Sabi als Lebensprinzip

In der japanischen Kultur gehören beide Begriffe fest zusammen: Wer Wabi sagt, meint Sabi, und umgekehrt. Es ist interessant, wie diese beiden Wörter, die ursprünglich weniger angenehme Gemüts- und Lebensumstände beschrieben, sich im Laufe der Zeit zum Ideal einer ganzen Kultur entwickelten. Zusammengenommen beschreiben sie in der umfassendsten Form eine bestimmte Haltung zum Leben und in ihrer engsten Bedeutung eine bestimmte Ästhetik, wobei das eine sich im anderen spiegelt.

Wabi Sabi ist eine Lebensweise, die von einem eigenen Verständnis von Glück und dem Sinn des Lebens geprägt ist. Zentrale Themen wie Jugend und Alter, Schönheit und Hässlichkeit, Leben und Tod werden im Einklang mit den natürlichen Rhythmen von Werden und Vergehen gesehen. Wabi Sabi vermittelt uns, dass es darauf ankommt, wesentlich zu werden – das heißt, herauszufinden, was wir wirklich brauchen und was uns als Individuum einzigartig macht. Wer die Eigenschaften von Wabi Sabi zum Leitmotiv seiner persönlichen Entwicklung macht, wird unabhängig von den Wahrheiten anderer, den Idealen der Gesellschaft und den Konventionen der Kultur. Er wird Zufriedenheit und Lebenskraft aus sich selbst schöpfen.

Wabi Sabi bedeutet, sein Leben in Richtung größerer Einfachheit zu wenden, indem wir auf das verzichten, was überflüssig ist und uns bei der Erfüllung unserer eigentlichen Wünsche nur im Wege steht. Nach den Prinzipien von Wabi Sabi leben bedeutet, dem Leben insgesamt mit einem anderen Bewusstsein zu begegnen.

> In meinem Buch »Wabi Sabi – nicht perfekt und trotzdem glücklich« habe ich die Grundideen von Wabi Sabi sehr ausführlich dargestellt. Hier möchte ich Ihnen nun einen Überblick über das besondere Zeitverständnis von Wabi Sabi geben.

Vielleicht ist Ihnen beim Lesen der vorangegangenen Abschnitte bereits deutlich geworden, in welchem Gegensatz unsere moderne westliche Kultur zu Wabi Sabi steht. Während Wabi Sabi von der Akzeptanz der Vergänglichkeit spricht, sehnen wir uns nach der Überwindung der Vergänglichkeit und der Kontrolle alles Lebendigen. Unsere Schönheitsideale schließen alt zu werden und sich der Zeit zu beugen aus – im Gegenteil, die Zeichen der Zeit sollen zugunsten ewiger Jugend aufgehalten werden. Sie zu verlieren, das gilt bei uns als eine Tragödie, während Wabi Sabi den Verlust zwar mit Wehmut betrachtet, ihn aber als etwas Unvermeidbares akzeptiert.

Wenn wir uns die Unterschiede zwischen unserer Lebenshaltung und der von Wabi Sabi bewusst machen, erkennen wir noch deutlicher, welche Auswirkungen diese auf uns haben wird, wenn wir uns ihr annähern:
- Wabi Sabi bevorzugt die intuitive Betrachtung der Welt. Es ist wichtig, welche Emotionen und Bilder die Dinge in uns auslösen. In unserer Kultur hingegen steht die ra-

tionale Betrachtungsweise im Vordergrund, das heißt die Art und Weise, wie wir über die Dinge denken.

- Wabi Sabi sucht die Vieldeutigkeit und akzeptiert das Widersprüchliche. Im westlichen Denken dominieren die Suche nach Eindeutigkeit und der Versuch, Widersprüche durch Logik aufzulösen.
- Wabi Sabi orientiert sich an der Natur, an ihren Prozessen, an ihren Formen und Stoffen. Es schlägt vor, sich der Natur anzupassen. In unserer Kultur herrscht der Vorrang der Technologie über die Natur.
- Wabi Sabi akzeptiert die Veränderung, den Verfall und die Endlichkeit. Es stellt sich den natürlichen Prozessen nicht in den Weg. Abnutzung und Vernachlässigung mindern nicht den Wert einer Sache, sondern erhöhen ihn. Unsere Kultur sieht es als Fortschritt an, den Verfall aufzuhalten und die Haltbarkeit der Dinge zu erhöhen.
- Wabi Sabi sieht in jedem Ding, jedem Lebewesen und jedem Ereignis das Besondere. Qualität ist in unserer Kultur hingegen gleichbedeutend damit, stets den gleichen Standard wahren zu können. Das heißt zum Beispiel, dass das Brötchen, das wir morgen kaufen, genauso aussieht und schmeckt wie das von heute und gestern.
- Wabi Sabi orientiert sich an dem, was gerade ist. Eine Sache hat nur den Sinn, den sie gerade hat. Darüber hinaus gibt es keinen weiteren Zweck, den sie erfüllt. In der Kultur des modernen Westens stehen Nützlichkeit und Zweckmäßigkeit einer Sache an oberster Stelle.
- Wabi Sabi bevorzugt offene, weiche, schemenhafte, unklare, asymmetrische, natürliche Formen, während wir ein Faible für geometrische, symmetrische, scharf umrissene, präzise und glatte Formen entwickelt haben.
- Wabi Sabi legt großen Wert auf die Entwicklung einer inneren Kultur, die sich im Verborgenen und Privaten

zeigt. Die westliche Lebensweise ist stark nach außen gerichtet und sucht die Öffentlichkeit. Hier zählt die Außenwirkung mehr als die inneren Werte.

Wabi Sabi bildet einen Gegenpol zu der materialistischen, uniformen und digitalisierten Welt der Moderne. Der Siegeszug des Computers hat es uns ermöglicht, dem westlichen Ideal der Standardisierung und Normierung des Lebens ein Stück näherzukommen – und damit haben wir uns stillschweigend vom Lebendigen, Vielfältigen, Unvorhersehbaren, Widersprüchlichen und Unvollkommenen verabschiedet. Was dabei jedoch verloren geht, ist das Bewusstsein der eigenen Besonderheit, die gerade in den Unterschieden zu diesen Idealen zu entdecken ist. Dort, wo wir nicht den Normen entsprechen, wo wir Ecken und Kanten haben, sind wir einzigartig und damit unabhängig von aller Fremdbestimmung. Wabi Sabi erinnert uns an diese verlorenen Qualitäten.

Schon bei seiner Entstehung war Wabi Sabi eine Gegenbewegung zu den bestehenden Wertvorstellungen der japanischen Gesellschaft, die sich im 16. Jahrhundert noch stark am Reichtum, an der Pracht und am Pomp der chinesischen Kultur orientierte.

Auch heute könnte Wabi Sabi wieder zum Gegenpol werden, ein Kontrapunkt zur Wegwerfmentalität unserer Konsumgesellschaft, in der nur das schön und gut ist, was neu und glänzend ist. Wabi Sabi verträgt sich nicht mit der Massenproduktion, den Massenmedien und der Massenvermarktung unserer Zeit. Es beinhaltet eine Rückkehr zu den Werten des Individuellen, des Menschlichen, zu den einfachen und schlichten Bedürfnissen, die uns zu dem machen, was wir im Grunde unseres Herzens sind.

Wabi-Sabi-Dinge

Es ist kein Geheimnis, dass die Umgebung, in der wir uns befinden, unsere
Stimmung verändern kann: Ein abend-
licher Spaziergang durch einen herbstli-
chen Wald mag uns melancholisch stimmen, während ein knisterndes Feuer im
Kamin Gefühle von Geborgenheit weckt.
Auch die Gestaltung unserer Umgebung
kann unsere Stimmung verändern: Aus
der Farbpsychologie wissen wir, dass Rot
uns anregen, sogar aufregen kann, wo-
hingegen uns Grüntöne beruhigen.

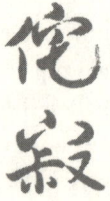

Die Wahrnehmung der Welt ist ein wichtiger Zugang zu den Gedanken von Wabi Sabi, ob in der Teezeremonie, in der Einrichtung von Häusern oder in der Keramik – die Gegenwart von Wabi Sabi wird bewusst eingeladen, um eine Umwelt zu schaffen, in der das Äußere das innere Streben nach Ruhe und Zufriedenheit unterstützen und stärken kann.

Sehen Sie sich in Ihrer Umgebung um. Woran erkennen Sie Dinge, die Wabi Sabi sind? Was unterscheidet sie von anderen Dingen? Was lernen Sie bei der Betrachtung und Berührung dieser Gegenstände über das Wabi-Sabi-Zeitverständnis?

Spuren der Vergänglichkeit

Meist sind es Dinge, die über die Jahre Patina angesetzt haben, Kratzer und Schrammen abbekommen haben oder sich im Laufe der Zeit verfärbt haben. Sie waren Sonne, Regen, Wind und Kälte ausgesetzt und sind vielleicht rostig, brüchig oder rissig geworden. Es sind genau die Gegenstände, die uns, wenn wir sie in Händen halten oder betrachten, eine Geschichte erzählen, und das allein aufgrund ihrer Beschaffenheit.

Wabi-Sabi-Dinge erzählen uns auf diese Weise, dass sie eine Vergangenheit haben, lassen aber offen, welche dies gewesen sein mag. Sie offenbaren ihre Vergänglichkeit, sind aber keine besonderen Erinnerungsstücke. Nichts an ihnen gibt Auskunft darüber, wer sie vielleicht vor uns benutzt hat oder an welchen Orten der Welt sie Witterungseinflüssen ausgesetzt waren. Die Geschichte, die sie erzählen, ist eher ein Gleichnis über die Vergänglichkeit des Lebens. Beobachten Sie, was diese Spuren in Ihnen auslösen, wenn Sie sie betrachten?

Einladung ins Hier und Jetzt

Nicht selten wirken Wabi-Sabi-Dinge angesichts der Hochglanz-Schönheit der Moderne völlig deplaziert. Sie besitzen nicht die Symmetrie und die Einheitlichkeit vieler Gegenstände, mit denen wir uns üblicherweise umgeben, sondern fallen durch ihre unregelmäßige Gestalt auf. Vielleicht würden wir sie sogar als hässlich bezeichnen und als einen Affront gegen den allgemeinen »guten Geschmack« empfinden. Vielleicht würden wir sogar sagen, dass sich in ihnen alles, was man von »gutem Design« erwartet, ins Gegenteil verkehrt, dass sie unpraktisch und grob wirken, wie zusammengestückelt, ohne eine klare Konzeption.

Wabi-Sabi-Dinge reißen uns aus der alltäglichen Wahrnehmung heraus, indem sie sich den Normen dessen, was allgemein als schön empfunden wird, nicht unterwerfen. Dadurch schaffen sie Raum für eine neue Art, unsere Umwelt – und letztlich auch uns selbst – zu betrachten.

In der Begegnung mit einem solchen Gegenstand erfahren wir ein weiteres Merkmal von Zeit – ihre Subjektivität. Jeder von uns kennt das: Auf einmal werden wir aus dem gleichmäßigen und kontinuierlichen Fluss der Zeit herausgerissen, weil etwas unsere Aufmerksamkeit fesselt. In diesem Moment scheint die Zeit stillzustehen. Wenn wir uns irgendwann wieder aus diesem Zustand lösen, stellen wir oftmals fest, dass sehr viel mehr Zeit verstrichen ist, als wir gefühlt haben – oder sehr viel weniger. Wabi-Sabi-Dinge können diesen Effekt ebenfalls hervorrufen, weil sie durch ihr ungewöhnliches Aussehen unsere Aufmerksamkeit auf sich ziehen. Wenn wir uns auf diese visuelle Einladung einlassen und uns in ihren Anblick versenken, unterbrechen wir den gewohnten Strom der Zeit, in dem sich eine

Minute an die nächste reiht. Wir werden gewahr, dass die Gegenwart nicht einfach nur ein Zeitpunkt ist, sondern ein Augenblick, der eine ganz eigene Ausdehnung besitzt.

»Gegen-Stände«

Ein Wabi-Sabi-Ding ist nicht einfach ein Objekt, es ist ein Gegenstand. Das heißt, er be-geg-net uns, setzt uns etwas ent-gegen, fordert uns heraus. Die Begegnung verändert uns und auch den Gegenstand. Der richtige Umgang mit Wabi-Sabi-Dingen setzt den Wunsch nach Handhabung voraus. Sie wollen in die Hand genommen, mit den Sinnen berührt werden.

Im Gegensatz dazu stehen die gebrauchsfertigen Objekte, die wir nur noch bedienen können. Da sind die Kaffeemaschine, die Waschmaschine, der Pürierstab, die Stereoanlage, der MP3-Player, das Handy oder der Computer – sie alle reagieren auf Knopfdruck. Sie erledigen effizient unangenehme und zeitraubende Aufgaben, sind Ausdruck für unseren Wohlstand und machen uns das Leben bequem und einfach. Aber sie sind nicht Wabi Sabi, denn die Begegnung mit ihnen hinterlässt keine Spuren in uns – es sei denn, sie funktionieren einmal nicht.

Nun wird klar, warum wir diese Objekte nicht handhaben, sondern lediglich bedienen können: Wir sind ihre Dienerschaft, nicht sie die unsere. Sie entziehen sich unserer Handhabung, schützen sich davor, von uns gehandhabt zu werden – und machen uns so von ihrer Funktionstüchtigkeit abhängig. Ganz anders bei Wabi-Sabi-Dingen: Sie wollen von uns wahrgenommen und gebraucht werden. Sie sehnen sich geradezu danach, dass wir Hand anlegen und Spuren hinterlassen. Oder gerade das Gegenteil: sie in ihrem So-Sein zu lassen.

VOM ZEITPUNKT ZUM AUGENBLICK

Der Wolf ging ein Weilchen neben Rotkäppchen her, dann sprach er: »Rotkäppchen, sieh einmal die schönen Blumen, die ringsumher stehen, warum guckst du dich nicht um? Ich glaube, du hörst gar nicht, wie die Vöglein so lieblich singen? Du gehst ja für dich hin, als wenn du zur Schule gingst ...« Rotkäppchen schlug die Augen auf, und als es sah, wie die Sonnenstrahlen durch die Bäume hin und her tanzten und alles voll schöner Blumen stand, dachte es: »Wenn ich der Großmutter einen frischen Strauß mitbringe, der wird ihr auch Freude machen; es ist so früh am Tag, dass ich doch zu rechter Zeit ankomme«, lief vom Wege ab in den Wald hinein und suchte Blumen ...

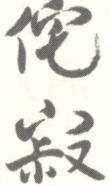

Wann haben Sie zum letzten Mal gedacht »Augenblick, verweile doch, du bist so schön«? Erinnern Sie sich an einen Moment in Ihrem Leben, in dem die Zeit stehengeblieben zu sein schien? Ein Augenblick, so intensiv im Erleben, so dicht an Eindrücken, dass Sie aufgehört haben, die Minuten zu zählen, und ganz im Augenblick aufgegangen sind? Sehr wahrscheinlich werden Sie in Ihrem Leben solche Momente erlebt haben – vermutlich waren sie nicht immer angenehmer Natur, aber immer geschah in ihnen etwas, das so bedeutsam für Ihr Leben war, dass Sie sich noch heute an jede Einzelheit erinnern können. Es sind Augenblicke, die Sie nicht missen möchten, von denen Sie wissen, dass sie Ihr Leben bereichert und manchmal sogar seine Richtung beeinflusst haben. Vielleicht war es die Geburt eines Kindes oder der erste Kuss, vielleicht ein Sommerabend mit Ihren Freunden, vielleicht eine überraschende Entdeckung auf einem Spaziergang, vielleicht der Moment, als Sie sich nach einem furchtbaren Streit mit einem geliebten Menschen wieder versöhnt haben. Vielleicht war es das Aufblitzen einer Erkenntnis nach langen Tagen des Grübelns, als Ihnen auf einmal etwas klar geworden ist und Sie die Welt mit anderen Augen gesehen haben. Oder Sie sind einfach nur aus Ihrer Haustür getreten, und Sie erkannten, wie schön die Welt doch eigentlich ist – einfach so und ohne Grund.

Vom Zeitpunkt zu einem Augenblick von Wabi Sabi

Was unterscheidet diese Augenblicke von jenen Zeitpunkten, die aneinandergereiht die Zeitspanne eines Lebens bilden? Die Antwort ist einfach: Sie sind Wabi Sabi. In ihnen zeigt sich die Einmaligkeit des Lebens, die nicht geplante und nicht beabsichtigte Schönheit der Welt, die edle Unvollkommenheit des Daseins, die sich nicht festhalten lässt, sondern die wir nur staunend betrachten können, um sie dann mit sanfter Wehmut wieder ziehen zu lassen.

Jeder Zeitpunkt kann zu einem Augenblick von Wabi Sabi werden, wenn wir unsere Wahrnehmung verändern. Mit einem Mal verwandelt sich etwas, an dem wir sonst achtlos vorübergegangen wären, in eine Sensation, in etwas, das uns zutiefst berührt und uns mit dem Leben in der Welt verbindet.

Auf eine einfache Formel gebracht: Ein Zeitpunkt ist das, was wir in unserem Kalender eintragen, ein Termin, eine Frist: »23.10.2007, 16:34 Uhr – Mutter vom Bahnhof abholen« oder »10.11.2007 – Redaktionsschluss« … Punkte haben keine Ausdehnung. Sie markieren bestimmte Etappen auf der Zeitstrecke, denen wir Namen geben und die etwas damit zu tun haben, ob wir eine Aufgabe erledigt haben oder nicht. Der Zeitpunkt ist immer einer von vielen. Er unterscheidet sich im Grunde nicht von anderen Zeitpunkten, und dass er gerade diesen Namen bekommen hat, liegt nicht in ihm begründet, sondern in der Bedeutung, die wir ihm verliehen haben.

Wenn zum Beispiel Ihre Mutter sich mit dem Zug verspätet und statt um 16:34 Uhr um 17:03 am Bahnhof ankommt, was geschieht dann mit dem Zeitpunkt 16:34 Uhr? Er verliert seine Bedeutung, er sinkt in dieselbe Gleichgültigkeit zurück, aus der wir ihn für einen Moment geholt haben. Zeitpunkte können wir zählen wie die Taktschläge eines Metronoms oder das Ticken einer Uhr. Alles, was wir an ihnen jedoch bemessen können, ist, dass die Zeit vorangeschritten ist, dass wieder ein Zeitpunkt vorbei, ein Termin erledigt und eine Aufgabe geschafft ist.

Dem steht der Augenblick gegenüber. In diesem Wort steckt viel Weisheit über das, was Wabi Sabi ausmacht, denn es weist darauf hin, dass die Wahrnehmung der Welt eine Rolle spielt, wenn aus einem Zeitpunkt ein Augenblick werden soll. Doch nicht das Spektakuläre kennzeichnet einen Augenblick von Wabi Sabi. Er drängt sich uns nicht auf, ruft nicht: »Aus dem Weg, jetzt komme ich!« Er ist vielmehr durch eine zufällig anmutende Unvollkommenheit gekennzeichnet, durch die er uns überhaupt erst ins Bewusstsein dringt. Seine Schönheit ist nicht die eines kitschigen Hochglanzprospekts und liegt nicht in der Harmonie gleichmäßiger Proportionen. In einem Wabi-Sabi-Augenblick steckt immer auch die Wehmut des Vergänglichen und Endlichen. In dem Moment, in dem uns seine ganze Schönheit bewusst wird, ist uns bereits klar, dass er bald wieder vorbei sein wird – unwiederbringlich. Dadurch fordert er uns auf, ihn hier und jetzt zu leben. Ein Wabi-Sabi-Augenblick kann nicht verschoben werden, ebenso wenig wie er geplant oder gar wiederholt werden kann. Entweder wir leben ihn oder er gleitet schwerelos an uns vorüber. Darum finden wir Augenblicke nicht in unserem Terminkalender, und darum gibt es keine Möglichkeit, vorherzusagen, wann wir sie erleben werden. Denn das hängt im Wesentlichen davon ab, ob wir bereit sind, für einen Moment aus der endlosen Kette von Zeitpunkten auszubrechen und abseits des Gestern – Heute – Morgen zu verweilen. Im Gegensatz zu Zeitpunkten können Augenblicke eine Ausdehnung haben, da sie nicht an das strikte Gefüge des Lebens entlang der Zeitlinie gebunden sind. Sie blühen gewissermaßen am Wegesrand und werden nur von demjenigen entdeckt, der bereit ist, hin und wieder den rechten Pfad zu verlassen.

Die Untugend des Augenblicks

Es ist wie im Märchen von Rotkäppchen: Wir schlagen die Augen auf und sind fasziniert von dem, was wir sehen. In diesem Augenblick verflüchtigt sich jede noch so feste Vorstellung von dem, was richtig und wichtig ist. Vielleicht ist das auch der Grund, warum im Märchen der »böse Wolf« Rotkäppchen vom rechten Weg abbringt. In unserer Kultur wird das Ausscheren aus dem sich von Zeitpunkt zu Zeitpunkt hangelnden Leben nicht gerade als Tugend angesehen. Mehr noch: Es gilt als gefährlicher Müßiggang – und der ist bekanntlich aller Laster Anfang.

In diesem Sinne ist Wabi Sabi ein Ausdruck von Untugend, denn die Ausdehnung eines Zeitpunkts zum Augenblick mag sich poetisch anhören, aber in der Praxis bedeutet es, sich gegen bestehende Konventionen zu stellen. Ihnen wird niemand einen Vorwurf machen, wenn Sie zu einer Verabredung nicht pünktlich erscheinen, weil Sie in einen Unfall verwickelt waren. Diese Entschuldigung ist absolut akzeptabel und wird kaum hinterfragt werden (außer von besonders misstrauischen Zeitgenossen). Doch wie würde die Reaktion auf Ihr Zuspätkommen ausfallen, wenn Sie berichteten, Sie hätten noch eben dem fallenden Herbstlaub zugesehen oder sich für einen Moment in das friedliche Plätschern eines Brunnens vertieft und darüber völlig die Zeit vergessen?

Pünktlichkeit ist die Tugend des Zeitpunkts. Sie widerspricht der Sehnsucht nach dem Augenblick, der einfach kommt und geht, ohne zu fragen, ob damit irgendwelche Bedürfnisse beeinträchtigt werden. Wir sollten bedenken, dass diese Form der Tugend sich erst mit der Erfindung der Uhr etablieren konnte, und auch erst dann, als Uhren kostengünstig für alle Menschen zu haben waren. Heute können wir ihnen kaum mehr entkommen: Sie zieren nicht nur unsere Handgelenke, sondern begleiten uns auf Schritt und Tritt, sei es an Straßenbahnhaltestellen, Kirchtürmen oder auf unseren Handys. Zwar maß man schon in der Antike die Zeit, aber dies geschah mit Sanduhren, Sonnenuhren, Kerzen oder Wasseruhren – oder man las sie einfach am Stand der Sonne ab. Dies ist im Vergleich zu unseren Präzisionsuhrwerken ein gewaltiger Unterschied, was die Genauigkeit anbelangt. Während Sonnenuhren bei schlechtem Wetter nutzlos waren und Kerzen von einem Windstoß ausgeblasen werden konnten, entkoppelte die Uhr die Zeit von jeder Einflussnahme durch natürliche Bedingungen. Sicherlich ein Fortschritt, wenn es darum geht, Produktionsabläufe zu koordinieren und die Effizienz zu steigern – auf die Sekunde genau.

> Die permanente Orientierung unserer Zeit an der Uhr führt dazu, dass wir Zeit immer mehr als eine Aneinanderreihung von Zeitpunkten erleben und immer weniger als Ausdruck des lebendigen Augenblicks.

Heute gilt: Wer pünktlich ist, hat recht. Wer pünktlich ist, ist gut organisiert und hat sein Leben im Griff. Der Unpünktliche hingegen ist ein Zeitdieb. Er hält Produktionsabläufe auf und schmälert durch sein Verhalten die Aussicht auf Erfolg, denn unter Umständen reicht dann die Zeit nicht mehr, um ein angestrebtes Ziel zu erreichen. Unpünktlichkeit ist unhöflich, mehr noch: Sie ist ein Kennzeichen von Schlamperei und zeugt von Respektlosigkeit sowie der Unfähigkeit, sich wie ein ordentliches Mitglied der Gesellschaft zu benehmen.

In den Zeiten der Sonnenuhr gab es für die Menschen noch zahlreiche Gelegenheiten, einem Augenblick nachzuhängen. Doch was können wir heute tun, wenn wir Wabi

Sabi zu einem Teil unseres Lebensstils machen wollen, ohne von der Gesellschaft dafür abgestraft zu werden? Zunächst einmal sollten wir aufhören, Pünktlichkeit grundsätzlich als »gut« und Unpünktlichkeit als »schlecht« zu bewerten – so, wie es das Märchen von Rotkäppchen suggeriert: Hätte sich das Mädchen an den Zeitplan gehalten und sich nicht ablenken lassen, dann wäre seiner Großmutter und ihm selbst der Aufenthalt im Magen des bösen Wolfs erspart geblieben. Erst wenn wir frei sind zu sagen »Ich bin pünktlich« oder auch »Ich bin unpünktlich«, haben wir überhaupt eine Chance, Augenblicke als eine Bereicherung unseres Lebens zu erfahren. Wieder wird sichtbar, wie wichtig es ist, die Souveränität über unsere Zeit wiederzuerlangen. Sie ermöglicht uns ein neues Erleben von Zeit und ein Leben in größerem Einklang mit uns selbst.

Es ist jedoch eher unwahrscheinlich, dass sich über Jahrhunderte gewachsene und verfestigte Moralvorstellungen von heute auf morgen so verändern, dass wir uns auf jeden Augenblick von Wabi Sabi wirklich voll und ganz einlassen können. Aber wir können unser Bewusstsein dafür schärfen, dass ein Teil unserer Persönlichkeit etwas anderes will, als Zeitpunkt an Zeitpunkt zu reihen, sich nach dem Augenblick sehnt, in dem Dauer und Zeitmaß keine Rolle spielen. Wenn Sie das nächste Mal in Versuchung geraten, unpünktlich zu sein, oder es – aus erfindlichen oder unerfindlichen Gründen – tatsächlich sind, dann betrachten Sie dies nicht als Makel oder Unzulänglichkeit, sondern spüren Sie in sich hinein. Es könnte sich nämlich um ein wichtiges inneres Signal handeln, das Ihnen mitteilen möchte: Halte inne, komm zur Ruhe und sorge für dich!

Es gibt einen Grund, warum etwas in Ihnen sich gegen das Diktat der Uhr auflehnen möchte. Diesen Grund sollten Sie erforschen und ernst nehmen: Sind Sie vielleicht deshalb unpünktlich, weil Sie auf diese Verabredung eigentlich gar keine Lust haben? Sind Sie vielleicht noch nicht so weit, ein neues Projekt in Angriff zu nehmen, sondern hängen innerlich noch einer alten Aufgabe nach, die Sie nicht ganz zu Ihrer Zufriedenheit erledigt haben? Vielleicht fühlen Sie sich ausgebrannt und suchen instinktiv nach Gelegenheiten, sich dem Zeitstress zu entziehen? Gerade im letzteren Fall sollten Sie es sich einfacher machen, denn der Unpünktliche neigt dazu, seine vermeintliche Schwäche das nächste Mal durch besonders präzise Zusagen wiedergutzumachen – um am Ende umso gestresster festzustellen, dass es ihm wieder nicht gelingt.

> Setzen Sie sich nicht zusätzlich unter Druck, sondern lassen Sie los. Geben Sie sich ganz bewusst die Erlaubnis, unpünktlich zu sein, und kommunizieren Sie das auch.

Leichter haben es im Grunde die »Opfer« der Unpünktlichkeit, denn sie gewinnen eine Portion Extrazeit, vielleicht genau richtig, um einen Augenblick von Wabi Sabi zu erleben.

LEBENDIGE WABI-SABI-ZEIT

Im Folgenden möchte ich Ihnen Anregungen geben, wie Sie das Zeitverständnis von Wabi Sabi zu einer lebendigen Erfahrung in Ihrem Alltag werden lassen. Die entsprechenden Übungen verlangen weniger, dass Sie sich Zeit dafür »freischaufeln«, sondern eher, dass Sie immer öfter die Wabi-Sabi-Sicht der Dinge einnehmen. Beginnen Sie einfach mit denjenigen, die Ihnen besonders leichtfallen und die sich gut in Ihren Tagesablauf integrieren lassen.

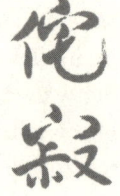

Wichtig ist, dass die Übungen keine »Freizeit-Übungen« bleiben, sondern allmählich Teil Ihres Lebens werden. Denn sie sorgen dafür, dass Sie sich immer bewusster werden, dass Wabi Sabi nicht etwas ist, das Sie irgendwann nach Stunden des Trainings und der Selbstüberwindung erreichen werden, sondern etwas, das Sie umgibt wie die Luft zum Atmen oder das Tageslicht. Die Übungen dienen dazu, Ihnen die Augen zu öffnen, und versorgen Sie so mit wichtigen Schlüsselerfahrungen – ganz ohne Anstrengung. Sie werden merken: Nach und nach werden sich diese Erfahrungen häufen und vertiefen. Sie müssen nur damit beginnen, wobei es egal ist, ob Sie sich gleich auf eine Zazen-Sitzung einlassen oder erst einmal den Wabi-Sabi-Augenblicken auf Ihrem Nachhauseweg nachspüren. Entscheidend ist, dass Sie einen Einstieg finden, der Ihnen gefällt und der Ihnen die Erfahrungen beschert, die Sie motivieren, Wabi Sabi in Ihrem Leben immer mehr Raum zu geben. Der Rest kommt dann von ganz allein.

Im Einklang mit den Zyklen der Natur

Wabi Sabi ist eine Lebenseinstellung, die auf der Wahrnehmung natürlicher Prozesse basiert. Das Werden und Vergehen, der unwiederbringliche Augenblick einer Beobachtung, die Schönheit des Unvollkommenen – all dies begegnet uns auf Schritt und Tritt in der Natur. Gerade das Zeitverständnis von Wabi Sabi orientiert sich an den natürlichen Vorgängen von Wachstum und Zerfall, die wir als zyklisch wahrnehmen.

Wenn Sie – wie die meisten Menschen – nicht gerade als Landwirt oder Gärtner arbeiten oder Ihre Freizeit am liebsten in der freien Natur verbringen, berühren Sie die Veränderungen in der Natur wenig. Natürlich merken

Sie, wenn es schneit oder regnet, wenn ein Gewitter heraufzieht oder es besonders heiß ist, aber die feineren Veränderungen nehmen Sie in der Regel kaum wahr. Dabei ist die Natur ununterbrochen in Bewegung. Es findet ein unaufhörliches Werden und Vergehen statt: Die Sonne erhebt sich am Morgen über den Horizont, steigt bis zum Mittag zu ihrer höchsten Position am Himmel auf, um dann am Abend wieder unterzugehen und das Feld der Nacht zu überlassen; der Mond verändert jede Nacht seine Gestalt, indem er über einen Monat hinweg kontinuierlich wächst und wieder abnimmt; die verschiedenen Jahreszeiten überziehen das Land mit Kälte oder Wärme, sorgen für das Farbenspiel in den Bäumen und bringen Pflanzen zur Blüte und zur Frucht.

Unsere Kultur mit ihrem Verständnis von Zeit als Ressource, die möglichst effizient genutzt werden soll, sieht in diesen Wandlungen der Natur aber eher einen Gegner, der Arbeitsprozesse aufhält und das zügige Erreichen vorgegebener Ziele behindert. Also machen wir mit Hilfe des elektrischen Lichts einfach die Nacht zum Tag, so dass wir mit dem Schwinden der Sonne unsere Tätigkeiten nicht unterbrechen müssen. Der Mond – mit seinen augenfälligen Phasen früher ein wichtiger Zeitmesser – wird durch den Kalender ersetzt, und in den Supermärkten gibt es das ganze Jahr über jedes nur vorstellbare Obst und Gemüse, so dass wir gar nicht nachvollziehen können, welche Auswirkungen die Jahreszeiten einst auf das Leben des Einzelnen hatten. Das Ergebnis: Das ununterbrochene Werden und Vergehen entgeht uns, und wir gewinnen den Eindruck, dass unser Leben unabhängig von den Veränderungen der Natur stattfindet – dass jeder Zeitpunkt so gut ist wie ein anderer. Die Augenblicke, die uns ein Sonnenuntergang, ein über den Wiesen aufsteigender Morgennebel, der Tanz der Schneekristalle vor unserem Fenster oder der Halbmond über den Dächern unserer Stadt beschert, werden zu Ornamenten der Zeit. Aber sie bedeuten nichts mehr für unser Leben, haben keine Auswirkungen auf unseren Tagesablauf, der sich stabil entlang dem gleichförmigen Ticken unserer Uhren entfaltet und nur eine Richtung kennt: immer weiter.

Die Wiederentdeckung der Rhythmen der Natur ist ein sehr wirkungsvolles und vor allen Dingen einfaches Mittel, um sich immer wieder mit dem Zeitverständnis von Wabi Sabi zu verbinden. Im Grunde können wir dies überall und zu jeder Zeit tun. Wir müssen auch nicht unbedingt hinaus in die freie Natur. Es genügt, unsere Sinne für die Wandlungen in unserer gewohnten Umwelt zu schärfen, unterwegs in der Stadt, zu Hause in den eigenen vier Wänden, am Arbeitsplatz, im Park. Wir brauchen im Grunde nur die Augen aufzumachen, um zu sehen, wie sie sich jeden Tag um uns herum zeigen, und seien sie noch so unauffällig und minimal.

Sonnenaufgang und Sonnenuntergang

Der natürliche Zyklus, der unser Leben am deutlichsten bestimmt, ist der von Tag und Nacht. Und auch wenn die Menschen seit der Erfindung des elektrischen Lichts die Nacht oft genug zum Tag machen, folgen die meisten doch dem an ihn gekoppelten Rhythmus von Schlafen und Wachen. So steht die Nachtzeit immer noch für die Zeit, in der unser Körper regeneriert, während wir tagsüber unseren Tätigkeiten und Erledigungen nachgehen und aktiv sind. Die meisten merken es sehr schnell, wenn dieser Rhythmus durcheinandergerät, zum Beispiel durch unregelmäßige Arbeitszeiten, durch Nachtschichten oder durch

eine durchtanzte Nacht: Unser Körper reagiert mit Tages-
müdigkeit und Schlappheit. Wir fühlen uns unausgegli-
chen und sind leicht reizbar.

Dennoch haben viele von uns das Bewusstsein für die
Übergänge zwischen Tag und Nacht verloren. Für die
meisten ist es entweder Tag oder Nacht – aber wann haben
Sie das letzte Mal einen Sonnenaufgang ganz bewusst erlebt? Oder einen Sonnenuntergang bewundert? Erinnern
Sie sich an die Empfindungen, die Sie beim Anbruch der
Dunkelheit hatten, wenn das Licht der Sonne gerade im
Verschwinden begriffen war? Können Sie die Stimmung
wachrufen, die der errötende Morgenhimmel in Ihnen
hervorgerufen hat, bevor die Strahlen der Sonne die Nacht
vertrieben haben?

Die Magie von Sonnenauf- und -untergängen ist die Magie des
Übergangs von einer Zeitqualität in die nächste. Dieser Zauber
ist uns fremd geworden, seitdem zwischen Helligkeit und Dunkelheit nur noch der Klick eines Lichtschalters liegt. Und dennoch
belegen Abertausende von Urlaubsfotos, dass gerade diese
Stimmung Menschen immer noch mit besonderer Faszination
und Ehrfurcht erfüllt.

Wenn der Tag geht und die Nacht kommt oder sich die
Nacht verabschiedet, um den Stab an den Tag weiterzuge-
ben, befindet sich für einen langen Augenblick alles in der
Schwebe. Zwielicht – dieser veraltet anmutende Ausdruck
spricht hier Bände, denn er drückt genau das Zwiespältige
dieses Übergangs aus. Nicht umsonst sind uns »zwielich-
tige Gestalten« eher unheimlich und verunsichern uns.
Doch genau das ist die Kraft der Wandlung vom Licht ins
Dunkel: Wir werden konfrontiert mit dem Werden und
Vergehen, mit der Tatsache, dass kein Zustand ewig anhal-

ten kann, dass alles sich in einem ununterbrochenen Übergang befindet. Und genau dies sind die Augenblicke, in denen Wabi Sabi im Laufe eines Tages am deutlichsten spürbar wird.

Nutzen Sie dieses täglich wiederkehrende Schauspiel, um die Erfahrung des Werdens und Vergehens lebendig werden zu lassen. Am besten Sie stehen früh auf, wenn es noch dunkel ist, gehen in Ihren Garten, auf Ihren Balkon, in einen Park oder irgendwohin, wo die Straßenlaternen der Stadt den Genuss des Übergangs von dunkel nach hell nicht allzu sehr trüben. Vielleicht blicken Sie auch einfach nur aus Ihrem Fenster (wobei Sie das künstliche Licht gelöscht lassen sollten). Auf diese Weise erleben Sie, wie das zunehmende Licht draußen auch die Lichtverhältnisse im Inneren verwandelt. In diesem Spiel aus Licht und Schatten werden Sie ganz neue Facetten an den Möbeln und Gegenständen in Ihren vier Wänden entdecken. Sie werden merken, wie anders selbst vertraute Gegenstände auf Sie wirken, wenn nicht das konstante Licht einer künstlichen Lichtquelle auf sie fällt.

Suchen Sie sich einen schönen Platz und beobachten Sie, welche Veränderungen das zunehmende Tageslicht bewirkt. Beobachten Sie, wie sich mit dem Aufgehen der Sonne lange Schatten bilden, die mit dem höhersteigenden Tagesgestirn immer wieder andere Muster auf den Boden zeichnen. Lauschen Sie den Stimmen der Vögel, die sich selbst inmitten der Großstadt erheben werden, um den Tag zu begrüßen. Spüren Sie, wie die zunehmende Wärme Ihr Gesicht berührt. Vielleicht spüren Sie auch einen leichten Wind, der ein leises Rauschen in den Bäumen verursacht. Nehmen Sie wahr, wie das Leben um Sie herum erwacht, die Geräuschkulisse sich verändert, die Geschäftigkeit des Tages ihren Lauf nimmt.

Während dieser ganzen Erfahrung bleiben Sie in Kontakt mit sich selbst. Lassen Sie sich nicht von einzelnen Wahrnehmungen gefangen nehmen, sondern bleiben Sie das Zentrum dessen, was Sie wahrnehmen. Sie können diesen Eindruck von Zeit zu Zeit verstärken, indem Sie bewusst auf Ihren Atem achten, wie er Ihren Körper betritt und wieder verlässt, während Sie sich im Geiste sagen: »Ich bin – hier und jetzt.« Wichtig bei dieser Übung ist, die ganze Zeit über eine einen gewissen Grad an Aufmerksamkeit aufrechtzuerhalten. Immer, wenn Sie merken, dass Sie anfangen zu träumen, oder Ihre Gedanken beginnen, um andere Dinge zu kreisen – was der Tag noch alles bringen mag, was Sie jetzt gleich noch erledigen müssen, wie ungewohnt diese Übung ist –, rufen Sie sich in die Gegenwart zurück: »Ich bin – hier und jetzt.« Alles, was zählt, ist der Augenblick. Bleiben Sie bei dem, was Sie wahrnehmen, und lassen Sie alle Interpretationen, Deutungen und Assoziationen, die sich möglicherweise einstellen, vorüberziehen. Lassen Sie sie los, so wie Sie Ihren Atem loslassen.

Verharren Sie in dieser Betrachtung der Dinge, so lange Sie sich wohlfühlen, und beenden Sie die Übung dann, wenn es Ihnen gelegen kommt. Bevor Sie jedoch mit Ihren alltäglichen Gewohnheiten fortfahren, möchte ich Sie einladen, die gerade gemachte Erfahrung innerlich abzuspeichern. Dazu können Sie sich folgende Fragen stellen:

- Wie war mein Grundgefühl dem Tag gegenüber vor dieser Übung?
- Mit welchem Grundgefühl gehe ich nach dieser Erfahrung in den Tag?
- Welchen Unterschied macht es, wenn ich den Tag mit dieser Übung beginne?
- Woran könnte ich im Laufe des Tages merken, dass mir diese Übung auch darüber hinaus nützlich war?

Vielleicht ergibt es sich aber, dass Sie die Übung lieber am Abend machen wollen. Auch hier suchen Sie sich einen Platz in der Natur, in der Stadt oder bei sich zu Hause, an dem Sie ungestört den Sonnenuntergang erleben können. Ich möchte noch einmal betonen, dass es fast eine Frage des Geschmacks ist, ob Sie sich wirklich aufs Land in die unberührte Natur begeben oder einfach auf eine Bank an einem belebten Platz in Ihrer Stadt niederlassen. Sicher ist es am Anfang einfacher, wenn Sie eine Umgebung wählen, in der Sie für eine Weile ungestört sein können. Doch grundsätzlich finden Sie Wabi Sabi überall.

Die Fragen, die Sie sich nach einer entsprechenden Erfahrung beim Sonnenuntergang stellen können, lauten:
- Wie war mein Grundgefühl dem Tag gegenüber vor dieser Übung?
- Mit welchem Grundgefühl gehe ich nach dieser Erfahrung in die Nacht?
- Welchen Unterschied macht es, wenn ich den Tag mit dieser Übung beschließe?
- Woran könnte ich im Laufe des Abends und der Nacht merken, dass mir diese Übung auch darüber hinaus nützlich war?

Interessant ist auch, beide Übungen an einem Tag zu vollziehen. So können Sie zwischen Morgen und Abend vergleichen.

Die Jahreszeiten

In unseren Breiten erleben wir neben dem Rhythmus von Tag und Nacht auch den Wandel der Jahreszeiten als besonders beeindruckend. Immer noch orientieren wir uns grob an den Zuständen der Natur, wie sie sich uns in den verschiedenen Phasen des Jahres präsentiert: Wir freuen uns auf die länger werdenden Tage im Frühling, begrüßen die Urlaubszeit im Sommer, genießen die Vielfarbigkeit des Herbstes und können es kaum erwarten, im Winter Skifahren und Snowboarden zu gehen. Aber wir gliedern unser Jahr nicht mehr entlang den allmählichen Übergängen zwischen den Jahreszeiten, sondern nach dem Kalender mit seinen alljährlich wiederkehrenden Festen: Ostern, Weihnachten, Neujahr …

Manch einer bemerkt, dass der Winter naht, nur daran, dass in den Supermärkten auf einmal Lebkuchen im Sortiment auftauchen und die Werbung für Parfüms und Schmuck im Fernsehen zunimmt – ein sicheres Indiz dafür, dass wir uns bald wieder in den Konsumwahnsinn des Vorweihnachtsgeschäfts stürzen müssen, um Geschenke für unsere Liebsten zu besorgen.

Die Beobachtung der Natur spielt für die Einschätzung, an welcher Stelle im Jahreskreis wir uns befinden, eine immer geringere Rolle. Sicher, im Winter ist es kalt, und im Sommer ist es warm. Doch wann haben Sie zuletzt beobachtet, wie der Baum, der gestern noch blühte, heute seine Blütenblätter verloren hat und das Grün seiner Blätter immer intensiver wird? Oder erinnern Sie sich an den Tag, an dem der letzte Schnee geschmolzen ist? Haben Sie das langsame Reifen der Früchte beobachtet, die immer voller wurden und immer leuchtendere Farben trugen? Fiel Ihnen auf, wie die Schatten immer länger wurden und die Sonne immer tiefer über den Horizont zog, als der Herbst sich in den Winter verwandelte?
　Die meisten Menschen haben diesen Bezug zum Wandel der Jahreszeiten verloren und sind überrascht, wenn der erste Schnee fällt oder der Frühling auf einmal da ist. Da-

bei geschieht in der Natur nichts plötzlich. Es ist ein un-
unterbrochenes Ineinanderfließen von Zuständen. Und
dieser fortwährende Wandel ist es, der das Zeitverständnis
von Wabi Sabi prägt. Wenn wir wieder mehr Aufmerksamkeit auf die natürlichen Zyklen richten, die uns umgeben, können wir unser Bewusstsein für diese feinen Nuancen der Veränderung schulen. Das gelingt naturbedingt
nicht von heute auf morgen, weshalb Sie sich für diese
Übung auch nicht freinehmen oder Zeit einplanen müssen.
Sie müssen auch nicht auf eine besondere Gelegenheit warten, um damit zu beginnen, sondern können gleich jetzt
anfangen. Blicken Sie aus dem Fenster, und fragen Sie sich:
Woran erkenne ich eigentlich, dass Herbst, Winter, Frühling oder Sommer ist?

Machen Sie es sich zur Gewohnheit, Ihre Umwelt mit
offenen Augen zu betrachten, sei es auf dem Weg zur
Arbeit, auf Ihrer Lieblingsjoggingstrecke durch den Park
oder beim Blick aus dem heimischen Küchenfenster. Wählen Sie sich einen Baum, einen Strauch oder eine Wiese aus,
und beobachten Sie über die Tage und Monate des Jahres
hinweg, welche Veränderungen sich einstellen. Wie reagiert »Ihr« Baum beziehungsweise Strauch, wenn es Sommer wird? Was können Sie beobachten, wenn die Tage
kürzer werden und es früher dunkel wird? Wann beginnen sich seine Blätter zu verfärben, und wann verliert er
die ersten? Wie verändert sich seine Ausstrahlung in der
kalten Jahreszeit, und welche Anzeichen können Sie entdecken, die darauf hindeuten, dass der Frühling naht?

Machen Sie ein Stück Natur zu Ihrem täglichen Beglei-
ter, und widmen Sie ihm regelmäßig ganz bewusst Ihre
Aufmerksamkeit. Sie werden feststellen, dass Ihnen immer
mehr Details ins Auge fallen. Ihr Gespür für das, was Ihrem Leben mehr Wabi Sabi geben kann, wird sich in dem

Maße verbessern, in dem sich Ihre Wahrnehmung für die natürlichen Veränderungen verfeinert. Ein neues Bewusstsein für Zeit kann so allmählich in Ihnen entstehen: Zeit als Ausdruck des sich fortwährend wandelnden Lebens.

Das Leben ist jetzt

Die Sonne geht unter, um sich am nächsten Morgen wieder zu erheben und ihren täglichen Lauf über den Tageshimmel zu beginnen. Frühling, Sommer, Herbst und Winter lösen sich in immer gleicher Reihenfolge ab und bilden zusammen den Kreislauf der Jahreszeiten. Werden geht über in Vergehen, und aus dem Vergehen entsteht das Werden neu – der Kreis schließt sich. Viele Prozesse in der Natur finden in Zyklen statt, bilden Kreisläufe. Diesem zyklischen Verständnis von Zeit steht unser lineares Denken gegenüber, in dem Zeitpunkte einander ablösen und sich zu einer endlosen Linie summieren, die wir »Zeit« nennen. In diesem Verständnis liegt die Vergangenheit immer hinter uns und die Zukunft immer vor uns – wie eine Straße, die wir entlanggehen.

Im Wabi-Sabi-Zeitverständnis ist der Dreh- und Angelpunkt das Jetzt. Das Leben ist keine Strecke, die wir wie ein Maßband vor uns ausrollen können, um dann abzuzählen, wie viel wir von unserem Lebenszeitbudget bereits verbraucht haben und wie viel uns noch bleibt.

Die Vergangenheit ist besiegelt und die Zukunft ungewiss. Sie ist das Terrain, das vor uns liegt und das wir stets zu erreichen bestrebt sind. Von der Vergangenheit dagegen müssen wir uns befreien, so wie wir uns mit jedem Schritt in die Zukunft von der zurückgelegten Wegstrecke befreien.

Vergangenheit und Zukunft sind jedoch Illusionen, die in unserem Kopf stattfinden. Alles, was wir wissen, ist das, was jetzt ist – und dass es im nächsten Augenblick vergangen sein wird. Die Zukunft ist in der Gegenwart enthalten, ebenso wie die Vergangenheit. Die Vergangenheit ist jetzt, die Zukunft ist jetzt. Diese Vorstellung mag uns zunächst befremdlich erscheinen, und doch ist sie im Grunde eine ganz schlichte Wahrheit: Vergangenheit ist immer das, was wir für unsere Vergangenheit halten, wenn wir über das Nachsinnen, was vor dem gegenwärtigen Augenblick stattgefunden haben mag. Vergangenheit besteht immer aus Erinnerungen, und diese Erinnerungen haben wir jetzt. Ebenso verhält es sich mit der Zukunft: Sie ist immer nur das, woran wir denken, wenn wir uns vorstellen, was nach diesem aktuellen Zeitpunkt kommen mag. Zukunft besteht aus Erwartungen und Vermutungen, und auch die haben wir jetzt gerade. Erinnerungen und Erwartungen umgeben uns in jedem Augenblick und vermitteln uns die Illusion von einer Zeit, die wie ein Fluss ohne Wiederkehr von A nach B fließt.

Wabi Sabi orientiert sich im Bezug auf das Zeitempfinden an der Natur. Hier finden wir die Idee der Wiederkehr verankert. Zwar ist jeder Augenblick in sich einzigartig und unwiederbringlich, aber er ist immer auch eine Spiegelung von Augenblicken, die gewesen sind, und solchen, die noch kommen werden. Als Vorbild mag neben dem Rhythmus von Tag und Nacht und der ununterbrochenen Folge der Jahreszeiten auch das sich wandelnde Gesicht des Mondes gedient haben, sein kontinuierliches Zu- und Abnehmen sowie sein periodisches Verschwinden. Schon früh diente der Mondzyklus den Menschen zur Zeitmessung. Unser Monat mit seiner Dauer von etwa dreißig Tagen ist eine standardisierte Variante der Zeit, die von einer Mondphase zur nächsten verstreicht, zum Beispiel von Vollmond zu Vollmond.

Eine Strecke hat einen Anfang und ein Ende – aber wo beginnt ein Kreis? Kein Punkt auf der Kreislinie ist mehr wert als ein anderer, jeder von ihnen könnte Anfang und Ende sein. Wenn wir uns die Augenblicke unseres Lebens auf einer solchen Kreislinie vorstellen, sind alle Augenblicke gleich viel wert. Ein Augenblick, der noch auf uns zukommt, hat nicht mehr Bedeutung als einer, der schon vorbei ist. Die Vorstellung, dass Zeit in Kreisläufen gedacht werden kann, so, wie wir es in der Natur erleben, lehrt uns, keinen Augenblick höher zu schätzen als einen anderen. Sie erlaubt uns, im Hier und Jetzt zu sein, denn der Augenblick, den wir gerade erleben, ist der, über den wir gerade verfügen. Was nicht in diesem Augenblick enthalten ist, existiert in Wirklichkeit nicht. Vergangenheit und Zukunft, Erwartungen und Erinnerungen sind im Grunde genommen Einbildungen.

Wabi Sabi sieht in unseren Erinnerungen keine Tatsachen, sondern erkennt in ihnen Illusionen, denen wir für einen Augenblick erliegen. Indem wir uns verändern, verändert sich auch unser inneres Bild von dem, was wir erlebt haben.

So ist jeder Augenblick eingebettet in einen größeren Kontext der Regelmäßigkeit – genau wie jeder Vollmond einzigartig ist und nie mehr wiederkehren wird, aber es immer einen neuen geben wird. Dank der zyklischen Vorstellung von Zeit müssen wir das Unwiederbringliche des Augenblicks nicht festhalten, denn es lebt weiter in uns. Weil aber die Vergangenheit immer in uns gegenwärtig ist, haben wir jederzeit die Möglichkeit, sie zu verändern. Dies ist vielleicht besonders schwierig zu verstehen, wenn wir von dem linearen Zeitmodell ausgehen, nach dem die Vergangenheit immer hinter uns liegt, und zwar als zur Tatsache gewordene Erfahrung, die nicht wieder rückgängig gemacht werden kann und uns für immer prägt. Wenn Erinnerungen entstehen, werden sie von unserem aktuell gegenwärtigen Gehirn auf eine bestimmte Art und Weise zusammengesetzt. Und wenn wir nun annehmen, dass alles sich in einem ununterbrochenen Strom der Wandlung befindet, dann ist die Art und Weise, über uns zu denken und uns selbst wahrzunehmen, die wir gestern hatten, eine andere als die, die wir heute haben, und die Erinnerung von gestern ist eine andere als die von heute. Der Gedanke, dass unsere Vergangenheit nichts Stabiles ist, sondern sich mit jedem gegenwärtigen Augenblick aufs neue zusammenfügt, mag uns erschüttern. Aber er erlaubt uns auch, die Möglichkeit in Erwägung zu ziehen, dass Vergangenheit nichts ist, was für immer in Stein gemeißelt unser Leben bestimmt, sondern etwas, über das wir schöpferisch verfügen – weil es an uns und unserer Wahrnehmung im Hier und Jetzt liegt, ob die Vergangenheit Macht über uns hat oder nicht.

Das Gleiche gilt für die Zukunft: Nicht wenige Menschen leiden unter den Erwartungen, die sie an die Zukunft haben. Wir erwarten gute und schöne Dinge, die uns Mut machen und uns freudig in die Zukunft blicken lassen. Aber wir erwarten ebenso schreckliche Dinge, die uns Angst machen und uns verunsichern. Die Welt steckt voller Gefahren, so scheint es, und niemand kann wissen, ob es die Zukunft gut mit uns meint. Wabi Sabi macht uns bewusst, dass die Zukunft ein Hirngespinst ist. Sie existiert nicht, denn es gibt immer nur den einen Augenblick im Hier und Jetzt, in dem wir diese Erwartungen haben. Und jeder von uns weiß: Es gibt Tage, an denen ist die Zukunft rosig und ein Quell der Freude, während uns die Aussichten auf das, was kommen mag, an anderen Tagen düster und unwirtlich erscheinen. Das, was wir Zukunft nennen, scheint somit stark von unserer momentanen Stimmung abhängig zu sein. Das aber bedeutet nichts anderes, als dass die Zukunft ebenso unserer schöpferischen Kraft unterliegt wie die Vergangenheit. Sie entsteht in jedem Augenblick aufs neue, und so können wir ihr jeden Augenblick unseres Lebens eine neue Ausrichtung geben.

Jeder Vollmond, den wir erleben, ist ein Vollmond, aber er ist niemals der, den wir vier Wochen zuvor erlebt haben. Die Welt hat sich verändert, wir haben uns verändert. Jeder Vollmond ist ein Neuanfang, und jeder Augenblick unseres Lebens erlaubt uns, unsere Erinnerungen und unsere Erwartungen neu zu bestimmen und damit die Vergangenheit und die Zukunft zu dem zu machen, was sie sind: Vorstellungen über uns selbst und der Ausdruck unserer sich in Wandlung befindlichen Persönlichkeit.

Zazen – einfach nur Sitzen

Ein Zen-Schüler geht zu einem Zen-Meister, um endlich das Geheimnis des Zen zu erfahren. Er trägt dem Meister, der ruhig in der Zazen-Haltung auf dem Boden sitzt, sein Anliegen vor und bittet diesen um Unterweisung. Der Meister hört ihm zu und weist ihn an, sich ebenfalls in der Zazen-Haltung neben ihn zu setzen. Nachdem der Schüler einige Minuten sitzend neben dem Meister gewartet hat, fängt er an, unruhig zu werden. Schließlich schaut er den Meister fragend an, worauf dieser sich zu ihm umdreht und sagt: »Nichts wird mehr passieren. Das ist alles.«

Zazen – das bedeutet so viel wie »Sitzen (Za) im Zustand des Zen«, wobei »Zen« eine Weise der Versenkung bezeichnet, die sich am ehesten mit entspannter Konzentration beschreiben lässt, in der sich Körper und Geist in Harmonie befinden.

In der Praxis bedeutet Zazen, mit untergeschlagenen Beinen aufrecht auf einem festen Kissen zu sitzen, während man alle Gedanken und Gefühle loslässt – und einfach nur dasitzt. Dabei wird eine körperliche, seelische und geistige Klarheit erlangt, die Raum für eine lebendige Stille gibt, in der sich irgendwann ein Empfinden tiefen Einsseins einstellt, eine Erfahrung, in der Allumfassenheit des Lebens aufgehoben zu sein.

Jeder Mensch kann Zazen ausüben, egal, welche Weltanschauung er hat und welcher Religion er angehört. Denn es geht nicht um das Erreichen eines bestimmten spirituellen Zustands der Entrücktheit, sondern um die Befreiung von allen Zuständen.

Und dazu benötigen Sie weder eine bestimmte Überzeugung noch Glauben oder Vorwissen. Sie richten Ihre Aufmerksamkeit einfach nach innen und versuchen nur da zu sein, geleitet von der eigenen Erfahrung.

Zazen ist im wahrsten Sinne des Wortes eine einfache Übung, aber sie ist nicht leicht. An dieser Stelle kann ich leider keine umfassende Darstellung des Zazen liefern, da das den Rahmen und die Absicht dieses Buches sprengen würde. Auch haben andere dies bereits mit großer Kompetenz und in aller Ausführlichkeit getan, so dass ich den Leser auf die Literaturliste im Anhang verweisen möchte. Vor allen Dingen empfehle ich Ihnen, Zazen unter fachkundiger Anleitung zu erlernen. In jeder größeren Stadt finden Sie Gruppen oder Dojos, in denen Zazen geübt wird und in denen Sie Hilfestellung bekommen. Gibt es in Ihrer unmittelbaren Nähe keine solche Gruppe, ist es aber immer noch besser, Zazen allein zu praktizieren als gar nicht. Zur eigenen Selbstkontrolle empfiehlt es sich dennoch, hin und wieder ein Dojo aufzusuchen.

Die folgende Übung ist daher der Versuch, den Geist des Zazen in eine einfache Praxis zu übersetzen, mit deren Hilfe Sie erfahren können, wie Zeit zu Leben wird, wie sich Zeitpunkte in Augenblicke verwandeln. Sie orientiert sich an Zazen, ist es aber nicht. Dennoch gibt sie einen Vorgeschmack und ermutigt Sie vielleicht, sich dem eigentlichen Zazen bei einer der nächsten Gelegenheiten einmal anzunähern. Nennen wir die folgende Übung daher ganz bescheiden eine

Übung »nach Art des Zazen«

Die drei wichtigsten Voraussetzungen für diese Übung sind: die richtige körperliche Haltung, das Atmen und die geistige Bereitschaft.

Reglosigkeit

Beim Zazen sitzen Sie, ohne sich zu regen. Das erfordert eine gewisse Disziplin und etwas Übung. Zumeist wird Zazen im Lotossitz praktiziert, in der Regel auf einem festen, runden Kissen, auf dem Sie so Platz nehmen, dass das Becken leicht nach vorn kippt. Diese Haltung ermöglicht Ihnen, eine Weile kerzengerade zu sitzen. Der Schwerpunkt des Körpers liegt dabei im Bauch, etwas unterhalb des Bauchnabels. Der wichtigste Punkt bei dieser Sitzhaltung ist die aufrechte Wirbelsäule.

Wenn die Körperspannung im Laufe der Übung nachlässt – und das wird sie sicherlich –, dann erinnern Sie sich einfach an dieses Bild und korrigieren Ihre Sitzhaltung entsprechend. Legen Sie Ihre Handflächen so ineinander, dass Sie mit den Handkanten Ihren unteren Bauch berühren. Die Augen bleiben geöffnet, und der Blick ist schräg nach vorn auf den Boden gerichtet. Mit geschlossenen Augen würden Sie Gefahr laufen, in einen dämmrigen, schläfrigen Zustand abzugleiten. Sie aber wollen sich nicht nach innen zurückziehen, sondern die Balance zwischen innen und außen finden.

> Wenn Sie richtig sitzen, haben Sie den Eindruck, sich auf einer Linie mit der Schwerkraft zu befinden und von ihr fast mühelos gehalten zu werden. Stellen Sie sich vor, Sie wären mit einem unsichtbaren Bindfaden, der am Hinterkopf befestigt ist, am Himmel aufgehängt: die Schultern fallen locker nach unten, der Kopf ist aufrecht und im Unterbauch sammelt sich die Kraft.

Vielleicht werden Sie einige Versuche benötigen, bis Sie eine Sitzhaltung gefunden haben, die es Ihnen erlaubt zehn bis 15 Minuten völlig reglos zu sitzen. Mehr ist am Anfang nicht nötig. Üblicherweise wird Zazen in Perioden von bis zu einer Dreiviertelstunde praktiziert, meist in der Gruppe, mit dem Gesicht zur Wand, und meist begleitet von kleinen Ritualen.

Bei unserer Übung können Sie es halten, wie es Ihre Umgebung erlaubt. Doch empfiehlt es sich, den Blick so auszurichten, dass unnötige Ablenkungen nicht so leicht die Konzentration stören können. Der Blick aus einem Fenster ist dementsprechend ein ungeeignetes Szenario für Ihr Blickfeld. Je nüchterner und reizärmer die Umgebung ist, umso leichter wird Ihnen die Übung fallen. Am besten geeignet sind die stillen Stunden bei Sonnenauf- oder -untergang. Aber auch hier gibt es keine Regel. Beginnen Sie zu üben, wenn Sie den Impuls dazu verspüren, und finden Sie mit der Zeit selbst heraus, was Ihnen guttut und was nicht. Wichtig ist, zu wissen, dass es keiner besonderen Requisiten bedarf, um Zazen zu praktizieren: Sie müssen keine Räucherstäbchen entzünden, keine Buddhastatuen aufstellen und keine Mantren aufsagen. Zazen ist, was es ist – einfach nur sitzen.

Atmen

Anders als bei anderen Meditationen wird dem Fluss des Atems beim Zazen keine besondere Aufmerksamkeit geschenkt. Die Lippen sollten locker geschlossen sein und der Atem ganz ohne Anstrengung durch die Nase ein- und ausströmen. Spezielle Atemtechniken wie zum Beispiel beim Yoga gibt es nicht. Die richtige Atmung stellt sich in der Regel von selbst ein. Je besser Ihre Körperhaltung ist und je mehr Sie sich dem Zazen hingeben, desto tiefer und ruhiger atmen Sie, vor allen Dingen über das Zwerchfell. Am besten, Sie vergessen den Atem einfach und widmen sich ganz dem Sitzen.

Allerdings können Sie den Atem nutzen, wenn Sie sich leicht ablenken lassen oder sich schnell gestört fühlen. Eine Möglichkeit, den Geist zu beruhigen, besteht darin, den Atem zu zählen. Dabei sollten Sie aber darauf achten, dass Sie mit dem Zählen nicht beginnen, den Atem zu kontrollieren oder den Atemrhythmus zu verändern. Er soll einfach weiterfließen wie bisher, nur dass Sie jedes Ausatmen im Geiste durchnumerieren. Zählen Sie bis zehn, und beginnen Sie dann wieder von vorn. Wenn Sie dies eine Weile durchführen, werden Sie merken, wie Ihre Gedanken langsam zur Ruhe kommen und Sie wieder ganz bei sich und dem Zazen sind. Irgendwann haben Sie auch das Zählen vergessen ...

Gedanken kommen und gehen lassen

Was tun wir nun, wenn wir Zazen üben? Wir tun nichts anderes als sitzen. Wir sitzen in der Zazen-Haltung. Mit ganzem Herzen. Nichts weiter. Und genau das ist das Schwierige, denn es will sich am Anfang alles einstellen – nur nicht Ruhe und Gelassenheit. Uns wird bewusst, dass unsere Gedanken nicht so einfach stillstehen, sondern sich in unserem Kopf hin- und herbewegen, von einem Thema zum nächsten springen und uns immer wieder vom Zazen ablenken. Möglicherweise beginnen Sie, zunächst darüber nachzudenken, was Sie hier eigentlich machen beziehungsweise ob Sie es richtig machen, bis ein Geräusch in Ihrer Umgebung Ihre Aufmerksamkeit erregt und Sie abschweifen lässt. Dann wandern Ihre Gedanken vielleicht zu einem Erlebnis, das Sie in der Arbeit hatten, oder es setzt ein innerer Dialog mit Ihrem Partner über ein Problem ein, das Sie unbedingt noch klären müssen. Oder Ihnen fällt ein, dass Sie noch ein wichtiges Telefonat erledigen müssen oder auf dem Nachhauseweg nicht vergessen dürfen, Brot zu kaufen ... Erinnerungen tauchen auf: »Wie war das noch? Was hat mein Chef zu mir gesagt, worüber ich mich so geärgert habe? Wenn ich doch bloß geschickter reagiert hätte – aber hinterher ist man ja immer schlauer ...« Schließlich werden Sie sicherlich denken: »Wie lange sitze ich hier eigentlich schon?« Und vielleicht sogar: »Habe ich mein Handy ausgeschaltet? Was, wenn es ausgerechnet jetzt klingelt? Was, wenn es etwas Wichtiges ist? Kann ich dann das Sitzen einfach unterbrechen?« ...

Das hat auch sein Gutes: Ihnen wird vielleicht zum ersten Mal bewusst, wie wenig Sie mit Ihren Gedanken in dem Augenblick sind, in dem Sie sich gerade befinden. Permanent werden Sie von der Zukunft in die Vergangenheit gerissen, beschäftigen sich mit irgendwelchen Details, die gewesen sind oder noch kommen werden, und spüren den Druck, der sich in Ihnen aufbaut, wenn Sie an all das denken, was Sie noch nicht erledigt haben.

Jeder Gedanke, ob er in die Zukunft gerichtet ist (»Was ich noch alles erledigen muss«) oder auf die Vergangenheit (»Was mir alles widerfahren ist«), unterbricht den Kontakt mit Zazen. Insbesondere Gedanken über die Zeit sind zuverlässige Störenfriede, die Sie davon abhalten, einfach nur da zu sein, hier und jetzt.

Gerade jetzt merken Sie, wie sehr Ihr Leben zu Zeit geworden ist – und wie wenig Sie in der Zeit selbst leben. Insofern ist Zazen die ideale Übung, um sich ins Bewusstsein zu rufen, dass wir die meiste Zeit getrennt von uns verbringen, angetrieben von den Sorgen der Zukunft und festgehalten von den Erinnerungen der Vergangenheit. Im Alltag erleben wir diesen Zustand schon fast als normal – erst wenn der Stress zum Dauerstress wird und wir anfangen körperliche Symptome und seelisches Leiden zu entwickeln, merken viele, dass etwas nicht stimmt. Zazen zeigt uns dies mit einer schonungslosen Offenheit.

Aber Zazen gibt Ihnen auch die Möglichkeit, eine andere Erfahrung zu machen. Zunächst aber ist es wichtig, zu verstehen, dass diese Gedanken an sich nichts Negatives sind. Menschen denken nun einmal, das ist weder ungewöhnlich noch verwerflich. Beim Zazen geht es auch nicht darum, Gedanken zu unterdrücken oder ihr Entstehen zu verhindern, sondern sie aufsteigen und gleich wieder verschwinden zu lassen. Wir nehmen Gedanken als das, was sie sind – etwas, das zufällig entsteht und wieder vergeht. Im alltäglichen Leben halten wir die Gedanken jedoch für gewöhnlich fest, wir identifizieren uns mit ihnen. Sobald ein beunruhigender Gedanke auftaucht, bleiben wir bei ihm hängen und lassen ihn unser Leben bestimmen: »Habe ich das Bügeleisen auch wirklich ausgeschalten? Ich bin mir nicht sicher …« Und schon wird eine Kaskade an Folgegedanken in Gang gesetzt, die unsere Stimmung färben und damit unser Verhalten prägen. Wir haben uns von den Gedanken abhängig gemacht und driften immer weiter vom gegenwärtigen Augenblick ab, beginnen unser Leben in Kategorien von Dauer und Zeitnot zu packen: »Was ist, wenn ich zu spät komme?« »Was werden die anderen sagen, wenn ich Ihnen meinen neuen Freund vorstelle?« Das Gedankenkarussell hält uns auf Trab und bestimmt den Ablauf unseres Lebens.

Während des Zazen lassen wir es nicht zu, uns mit den Gedanken zu identifizieren. Wir lassen sie kommen – und gehen. Sie sind vergängliche, flüchtige Strukturen. Stellen Sie sich Gedanken und Gefühle wie Vögel vor, die für einen Moment in den Ästen Ihrer Baumkrone Platz genommen haben, um sich auszuruhen. Sie sind Gäste in Ihrem Kopf, wohnen dort aber nicht. So, wie sie sich ganz spontan niedergelassen haben, werden sie auch wieder aufbrechen und davonflattern.

Sie helfen Ihren Gedanken dabei, sich von allein aufzulösen, wenn Sie ihnen bei ihrem Auftauchen keine weitere Beachtung schenken. Sie wollen sie nicht ergründen, verfolgen, verjagen, zensieren, bewerten oder unterdrücken – Sie kümmern sich einfach nicht weiter um sie, sondern kehren zu Zazen zurück. Sie sitzen einfach und lassen alles, wie es ist. Sie beginnen unkonzentriert zu werden? Dann ist das eben so – und Sie sitzen. Sie werden schläfrig? Dann ist das eben so – und Sie sitzen. Sie schweifen ab? Dann ist das eben so – und Sie sitzen.

Während Sie sich ganz dem Sitzen widmen, werden Sie feststellen, dass jedes Mal, wenn es Ihnen gelingt, das »innere Radio« der Gedanken abzuschalten – und sei es auch für den Bruchteil eines Augenblicks –, etwas in Ihnen freier wird und Sie sich zugleich gehalten fühlen. Sie befinden sich im völligen Gleichgewicht zwischen innen und außen, oben und unten, links und rechts, so dass diese Begriffe an Bedeutung verlieren. Die Ruhe, die sich dann in Ihnen einstellt, ist nicht zu vergleichen mit einer Pause, die Sie sich vielleicht zwischen zwei Erledigungen gönnen. Sie ist wie ein unterirdischer Strom, der uns über all die Jahre genährt hat, während wir vor lauter Bemühen, unsere Lebenszeit effizient zu gestalten und sinnvoll zu verbringen, den Zugang zu dieser Kraftquelle verloren haben.

Diese Erfahrung bildet solch einen drastischen Unterschied zum Leben unter der Kontrolle des Zeitpfeils, dass sich Ihre Haltung nachhaltig verändern kann. Ab sofort wissen Sie nämlich, dass es eine Alternative gibt – und dass es an Ihnen liegt zu entscheiden, welchen der beiden Wege Sie gehen wollen: den Weg eines Lebens, das zu Zeit geworden ist, oder den Weg einer Zeit, die voller Leben ist.

Ich bin mir sicher, dass Sie den Wert dieser Übung so sehr schätzen lernen, dass Sie bereitwillig und mit großer Freude regelmäßig zu ihr zurückkehren und sie zu einer guten Gewohnheit machen werden. Aber setzen Sie sich nicht unter Druck. Genau wie Ihr Atem ganz von allein strömt und Sie keine Anstrengung unternehmen müssen, um ihn im Alltag aufrechtzuerhalten, wird Ihr Wunsch nach Zazen wachsen. Vielleicht werden Sie sich entschließen, Zazen in einer festen Gruppe zu praktizieren und sich ein Dojo suchen. Vielleicht aber genügt es Ihnen auch, hin und wieder die Erfahrung zu machen, wie im Zazen aus einem Zeitpunkt ein Augenblick voller Leben wird.

Vom Pflaumenbaume
Da steigt ein Blütenduft auf
Zum Hof des Mondes
Buson

Mit leisem Flüstern
Kam heut der Morgenregen
Zur roten Iris.
Shugetsu

Der Wind des Herbstes:
Das Ziel der Lebensreise,
Das unbekannte.
Shiki

Die Winterbäume
Von alten, alten Zeiten
Ein Widerhall sind.
Issa

Die sechs Wege
der Eigenzeit

Eigenzeit – das ist Ihre persönliche, ganz eigene Zeit. Dabei geht es jedoch nicht nur um die Frage, über wie viel Ihrer Lebenszeit Sie verfügen können, sondern auch darum, welche Eigenschaften diese Zeit besitzen muss, damit sie für Sie zur Wabi-Sabi-Zeit wird.

MEINE ZEIT-BEDÜRFNISSE

Welche meiner Bedürfnisse erfüllen sich in einem Wabi-Sabi-Augenblick? Wie fühlt sich dieser Moment an? Welche zentralen Lebensthemen werden von ihm berührt? Bevor Sie sich daranmachen, diese Fragen für sich zu beantworten, lohnt es sich, einmal ganz allgemein darüber nachzudenken. Dazu möchte ich Ihnen ein System vorstellen, das die Zeitbedürfnisse eines Menschen in drei Urbedürfnisse unterteilt: in das Bedürfnis nach Ordnung, nach Liebe und nach Erkenntnis.

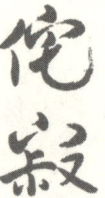

Es handelt sich dabei um drei Bedürfnisse, die so grundlegend sind, dass jeder Mensch sie kennt und nach deren Befriedigung strebt. Aber nicht jeder tut das auf die gleiche Weise, denn nicht für jeden sind diese Bedürfnisse gleichermaßen bedeutend. So mag für den einen das Wichtigste im Leben sein, Klarheit und feste Struktur zu haben, während einen anderen die Begegnung mit anderen Menschen mit höchstem Glück erfüllt. Und wieder ein anderer fühlt sich am ehesten im Einklang mit sich selbst und der Welt, wenn er einen Moment der Erkenntnis erlebt. Jeder Mensch hat diese drei Urbedürfnisse in sich, aber bei jedem von uns sind sie unterschiedlich stark ausgeprägt – und genau das macht unsere individuelle Eigenzeit aus.

Im Folgenden werden die drei Bedürfnisse kurz beschrieben. Nehmen Sie sich Zeit für die Lektüre und prüfen Sie beim Lesen, ob Sie sich angesprochen fühlen. Im Anschluss an jede Beschreibung finden Sie einige Leitfragen, die Sie dazu nutzen können, sich über die Bedeutsamkeit eines Bedürfnisses für Ihr Leben klar zu werden. Versuchen Sie dabei eher generell an Ihr Leben zu denken, also in einer Art Gesamtschau, die möglichst viele Facetten Ihrer Persönlichkeit umfassen sollte.

Das Bedürfnis nach Ordnung

Das Bedürfnis nach Ordnung ist wichtig, weil es uns Sicherheit und Halt im Leben gibt. Es ist gekennzeichnet von dem Wunsch, das Leben zu strukturieren, ihm Klarheit zu geben und so den eigenen Platz in der Welt zu finden. Menschen, bei denen dieses Bedürfnis stark ausgeprägt ist, haben einen starken Drang, die Welt aktiv zu gestalten. Sie wollen sich schöpferisch beteiligen, übernehmen gern Verantwortung und fühlen sich dazu berufen, alles zu tun, um ein Vorbild für andere zu sein. Gerechtigkeit ist ihnen wichtig, und sie versuchen sich immer wieder bewusst zu machen, welche Konsequenzen ihr Verhalten hat. Sie wünschen sich eine bessere Welt und erleben es als tiefe Befriedigung, wenn sie mit ihren Taten einen Beitrag dazu leisten können.

Darüber hinaus legen sie Wert darauf, sich von anderen zu unterscheiden und wünschen sich, als Individuum durch ihre Leistungen Anerkennung zu finden.

Ihr Bedürfnis nach Ordnung ist besonders ausgeprägt, wenn …

- … Ihnen Organisation wichtig ist und Sie darum bemüht sind, dass alles seinen Platz bekommt und diesen auch behält.
- … Sie viele Gelegenheiten haben, sich aktiv einzubringen.
- … Sie gern für Ausgewogenheit sorgen und für Gerechtigkeit eintreten.
- … Sie ein starkes Pflichtgefühl haben und darauf achten, möglichst realistisch zu bleiben sowie Ihren Ansprüchen gerecht zu werden.
- … Ihnen Sicherheit und Beständigkeit im Umgang mit anderen Menschen wichtig sind.
- … Sie Ihren Erfolg daran messen, wie sehr Ihre Leistungen und Taten von anderen gewürdigt werden.

Das Bedürfnis nach Liebe

Darunter verstehen wir nicht nur die Liebe in der Beziehung zwischen zwei Menschen, sondern das grundsätzliche Bedürfnis, sich anderen Menschen – aber auch einer Sache oder eine Idee – hingeben zu wollen. Das Bedürfnis nach Liebe verbindet uns mit der Welt auf der Ebene des Mitgefühls. Menschen, die von diesem Bedürfnis geprägt sind, wollen mit der Welt verbunden sein und diese mit Hilfe ihrer Gefühle wahrnehmen. Sie erleben eine große Zufriedenheit, wenn sie Vertrauen in die Dinge haben können und fühlen, dass alles stimmt, sich alles in Harmonie befindet. Ihnen ist die emotionale Qualität eines Augenblicks wichtig, und sie wünschen sich Momente tiefer Geborgenheit, in denen alle Unterschiede verwischen und sie mit der Welt verschmelzen. Sie schöpfen Kraft aus den Momenten ihres Lebens, in denen sie sich völlig fallenlassen können.

Ihr Bedürfnis nach Liebe ist besonders stark, wenn …

- … Sie den Kontakt zu anderen Menschen brauchen, um sich zufrieden zu fühlen.
- … Sie sich für andere Menschen interessieren und sich gern mit ihnen auseinandersetzen.
- … Ihnen Kooperation wichtig ist.
- … Sie sich schnell emotional betroffen fühlen und sich auf der Ebene der Gefühle beeindrucken lassen.
- … Ihnen Harmonie über alles geht.
- … Sie Ihren Erfolg daran messen, wie viel Vertrauen man Ihnen entgegenbringt und wie viel Vertrauen Sie jemandem schenken können.

Das Bedürfnis nach Erkenntnis

Wissen ist der Antrieb von Menschen, deren herausragendes Bedürfnis die Erkenntnis ist. Sie suchen nach der Wahrheit in der Welt, nach dem, »was die Welt im Innersten zusammenhält«. Sie lieben es, über Zusammenhänge nachzudenken und Informationen zu sammeln, immer bemüht, dabei noch mehr über die großen Lebensfragen herauszufinden. Sie erleben Augenblicke von höchstem Glück, wenn sich für einen Moment der Schleier der Unwissenheit lüftet und sie Einsicht in ein Geheimnis bekommen. Es bewegt sie zutiefst, wenn ihnen etwas klar geworden ist und sie mit einem Mal erkennen, worum es in Wirklichkeit geht, zum Beispiel wenn sie ein Problem oder ein Rätsel gelöst haben. Sie schöpfen gern aus der Vielfalt an Eindrücken und Impulsen, welche die Welt ihnen bietet, und lieben es, neue Ideen und Visionen daraus zu entwickeln.

Das Bedürfnis nach Erkenntnis nimmt einen breiten Raum in Ihrem Leben ein, wenn …

- … Sie sich von philosophischen Fragen angezogen fühlen und gern über den Sinn der Welt nachdenken.
- … Ihnen Wissen wichtig ist und Sie stets darum bemüht sind, Ihren Horizont zu erweitern.
- … Sie Freude daran haben, Ihren Verstand einzusetzen.
- … Ihnen Logik wichtig ist und Sie eine Sache von Grund auf verstehen wollen.
- … Ihnen Ideen wichtiger sind als Taten und Sie lieber über etwas reflektieren als sich aktiv für etwas einsetzen.
- … Sie Erfolg daran messen, ob Sie eine neue Erkenntnis gewonnen haben und sich etwas so ergibt, wie Sie es gedanklich vorweggenommen haben.

Ihre zentralen Bedürfnisse

Aus diesen Urbedürfnissen gilt es nun, in einem zweiten Schritt Ihren individuellen Eigenzeit-Typ herauszufinden. Dazu nehmen Sie sich bitte die Leitaussagen zu den einzelnen Bedürfnissen noch einmal vor. Lesen Sie sich diese erneut durch, und markieren Sie die Aussagen mit einem Kreuz, die Sie für sich als besonders typisch empfinden. Kreuzen Sie jedoch nicht mehr als acht Aussagen an! So können Sie Ihre Schwerpunkte im Erleben der Eigenzeit leichter erkennen. Nehmen Sie sich dazu so viel Zeit, wie Sie wollen, und korrigieren Sie Ihre Ergebnisse ruhig so lange, bis Sie den Eindruck haben, gut getroffen zu sein.

Auswertung

Betrachten Sie Ihr Ergebnis: Gibt es ein Bedürfnis, das besonders hervorsticht? Wenn ein Bedürfnis vier oder mehr Kreuze von Ihnen bekommen hat, während andere nur zwei (oder weniger) erhalten haben, dann können Sie es als das zentrale Grundbedürfnis in Ihrem Leben betrachten.

Haben Sie bei zwei Bedürfnissen gleich viele Kreuze gesetzt? Dann sind diese Bedürfnisse gleichrangig. Auch wenn der Unterschied nur gering ausfällt, also beispielsweise ein Bedürfnis vier und ein anderes drei Kreuze bekommen hat, sind diese Bedürfnisse als etwa gleich stark zu bewerten.

Sollten Sie bei Ihrer Einschätzung Zweifel haben, wiederholen Sie die Übung so lange, bis Sie ein für sich zufriedenstellendes Ergebnis erzielt haben.

Notieren Sie Ihr Ergebnis hier:
Zentrales Bedürfnis 1:

....

Zentrales Bedürfnis 2 (falls Sie zwei gleichrangige Bedürfnisse festgestellt haben):

....

Aus diesem Ergebnis lassen sich sechs Grundtypen entwickeln, von denen jeder etwas anderes im Erleben der Eigenzeit sucht.

Die sechs Grundtypen der Eigenzeit

Die Kenntnis und die Auseinandersetzung mit dem eigenen Grundtypus erlauben es Ihnen, Ihren ganz persönlichen Zugang zu Wabi Sabi in der Zeit zu entdecken. Wenn Ihnen klar geworden ist, welche Merkmale einen Wabi-Sabi-Moment für Sie kennzeichnen, können Sie bewusster im Alltag nach diesen Augenblicken Ausschau halten und diese als Kraftquelle im Leben nutzen.

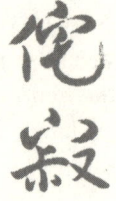

Bevor wir uns ausführlich mit den einzelnen Typen beschäftigen, hier ein erster Überblick:

Bedürfnis 1	Bedürfnis 2	Typ
Ordnung	–	Leben ist Berufung
Liebe	–	Leben ist Begegnung
Erkenntnis	–	Leben ist Kommunikation
Ordnung	Liebe	Leben ist Vertrauen
Liebe	Erkenntnis	Leben ist Genuss
Erkenntnis	Ordnung	Leben ist Handlung

Jeder dieser Typen verfügt über einen eigenen Zugang zum Zeiterleben und in der Folge auch über eine ganz bestimmt Art und Weise, mit Zeit umzugehen – manchmal erfolgreich, oft genug aber weniger erfolgreich. Wenn Sie Ihren Eigenzeit-Typus kennen, dann wissen Sie nicht nur, was Sie von einer glücklichen Zeit erwarten und woran Sie Ihr persönliches Wabi Sabi in der Zeit erkennen, sondern auch, worauf Sie achten müssen, um nicht unter Zeitdruck zu geraten. Sie erkennen, was Sie in Stress versetzt und wo Sie mit kritischen Situationen rechnen müssen.

In den vorangegangenen Kapiteln haben wir uns bereits ausführlich damit auseinandergesetzt, wie Sie durch die Prinzipien von Wabi Sabi Ihrem Leben zwar nicht mehr Zeit geben können, aber Ihrer Zeit mehr Leben. Wenn es darum geht, herauszufinden, was »mehr Leben« für Sie als Individuum bedeutet, können Ihnen die sechs Eigenzeit-Typen einen ersten Hinweis geben.

Die folgenden Abschnitten beschreiben detaillierter die sechs Grundtypen der Eigenzeit und deren besondere Vorstellungen darüber, was »mehr Leben« bedeutet. Bitte bedenken Sie, dass es sich um eine eher grobe Typologie handelt und deshalb nicht sämtliche angesprochenen Merkmale für Sie gelten müssen. Wenn Sie sich nicht sicher sind, dann lesen Sie ruhig auch die Abschnitte über die anderen Typen. Möglicherweise erleichtert Ihnen das die Zuordnung Ihrer eigenen Persönlichkeit.

Die Darstellung der einzelnen Typen basiert auf der von der Lebensberaterin und Therapeutin Brigitte Hamann entwickelten Lebensziel-Typologie, die sie in ihrem Buch »Reise zum Lebensziel« ausführlich beschreibt. Sie fasst Gegensätze als die natürliche Grundlage des Lebens auf. Durch Gegensätze und Widersprüche bleibt der Lebensfluss in Bewegung und erzeugt kreative Lösungsenergie. Diese Typologie erlaubt es Ihnen vor allem, die inneren Widersprüche zu beleuchten, die Sie erleben, wenn Sie sich einerseits nach Sinn in Ihrem Leben sehnen, Sie andererseits aber bei der Erfüllung Ihrer Ziele immer wieder über sich selbst stolpern. Brigitte Hamann deckt diese Widersprüche auf, erkennt aber in ihnen keinen Mangel, sondern Gelegenheiten, sich immer wieder damit auseinanderzusetzen, was man wirklich will. Diese Widersprüche in sich zu spüren, vielleicht hin und wieder im Leben an ihnen zu scheitern, ist aus Sicht dieser Typologie kein Fehler, sondern ein wichtiger Impuls dafür, sich immer wieder zu fragen: Ist das, was ich gerade möchte, das worauf sich meine Sehnsucht gerade erstreckt, wirklich das, was ich von ganzem Herzen will? Oder ist es lediglich eine Ablenkung durch Äußerlichkeiten? Bringt mich das, was ich gerade denke, fühle und tue, wirklich in Einklang mit dem, was ich als Erfüllung meines Lebens bezeichnen würde?

Genau diese Frage stellen wir uns auch, wenn wir herausfinden wollen, wie wir dem Mythos von der Knappheit der Zeit und dem daraus resultierenden Stress entkommen können. Wenn wir die Fallstricke und vermeintlichen »Lösungen« kennen, über die wir entsprechend der Prägung unseres Typus immer wieder stolpern, können wir bewusster darangehen, unserer Zeit mehr Leben zu geben. Unserer Aufmerksamkeit wird es nicht mehr so leicht entgehen, wenn wir uns zur Befriedigung vermeintlicher Bedürfnisse in Abhängigkeiten begeben und die Kontrolle über unsere eigene Zeit verlieren. Seinen Typus zu kennen ist der erste Schritt, Stress aktiv zu vermeiden, weil wir dann die Fallen kennen, in die wir hineintappen und die uns unter Druck setzen.

Aufbau der Typologie

Die Beschreibung jedes der sechs Typen erfolgt in jeweils drei Teilen. Im ersten Abschnitt erfahren Sie das Wesentliche über den Typ, was er sich vom Leben wünscht und woran er ein ihn erfüllendes Leben erkennt. Es geht um die fundamentalen Sehnsüchte, die jeden von uns im Leben dazu bewegen, mehr aus sich zu machen. Der zweite Abschnitt zeigt Ihnen, wie Sie diese Sehnsüchte empfänglich machen für falsche Lösungsstrategien – für »Lösungen«, die ziemlich schnell zum Problem werden, weil sie darauf basieren, das Leben als Kampf um die Ressource Zeit zu empfinden. Manchmal glauben Sie dann, dass das, was Sie unter Glück verstehen, nicht im Hier und Jetzt vorhanden sein kann, sondern in eine nähere oder fernere Zukunft gehört, also etwas ist, das Sie anstreben und wofür Sie sich anstrengen müssen. Vielleicht lassen Sie sich davon überzeugen, dass es bei dem, wonach sich Ihr Herz sehnt, um Mangelware handelt, so dass Sie glauben, darum kämpfen zu müssen. Dann werden Sie empfänglich für die Verlockungen des Konsums und der Macht.

Sie suchen die Befriedigung Ihrer Bedürfnisse nicht im gegenwärtigen Augenblick, sondern verschieben sie auf einen fernen Zeitpunkt: »Erst wenn ich dieses oder jenes erreicht habe, kann ich glücklich sein.« »Erst wenn ich diese oder jene Bedingung/ Erwartungen erfülle, darf ich mir etwas gönnen.«

Ihr Leben wird zur Frist und Sie glauben etwas zu versäumen, wenn Sie sich nicht anstrengen und nicht jede Sekunde Ihres Lebens auf das vermeintliche Lebensziel ausrichten. Doch anstatt irgendwo anzukommen, jagen Sie einer Illusion nach der anderen hinterher – das Leben wird zu Zeit, zu begrenzter Lebenszeit.

Wie aber können Sie dieser Lebensperspektive entkommen? Was können Sie tun, um sich von dem Zeitdruck zu befreien? Wie entlarven Sie die verlockenden Angebote als Versuche, sich insgeheim an Ihren Sehnsüchten zu bereichern? Diesen Fragen widmet sich der dritte Anschnitt jedes Typs. Die Antwort fällt im Grunde für alle sechs Charaktere gleich aus: Finde wieder den Anschluss an den gegenwärtigen Augenblick, in dem weder die Erwartungen an die Zukunft noch die Erinnerungen an die Vergangenheit dein Leben bedingen, ein Moment, in dem die Dinge nicht das sind, was sie hätten sein können oder sein sollen, sondern einfach nur das, was sie sind – nicht mehr und nicht weniger. Doch für jeden der sechs Eigenzeit-Typen gibt es eine andere Tür in diese Erfahrung, jeder spricht auf etwas anderes an, das es ihm leichter macht, sich auf den lebendigen Augenblick einzulassen. Deshalb finden Sie in diesem Abschnitt weitere Übungen und Gedankenspiele, die auf die Bedürfnisse Ihres Typs abgestimmt sind und die es Ihnen erlauben, die Erkenntnisse über sich selbst ohne Anstrengung im Alltag zu verankern.

Typ 1 – Leben ist Beziehung

Ihr Motor ist die Begegnung mit anderen Menschen – das ist Ihr Lebenselixier. Der Kontakt zu anderen inspiriert Sie und gibt Ihnen das Gefühl, lebendig zu sein. Dabei konfrontieren Sie sich immer wieder mit den Fragen: Wo höre ich auf und wo beginnen die anderen? Was will ich lieber allein und was mit anderen Menschen tun? Wie nahe will ich andere an mich heranlassen und wann muss ich mich distanzieren, um mich nicht zu verlieren?

Da Sie nicht auf die Begegnung mit anderen Menschen verzichten wollen, besteht eine Ihrer größten Herausforderungen darin, herauszufinden, wie weit Sie Gemeinschaft zulassen können, ohne Ihre Identität zu verlieren. Auf andere zuzugehen, bedeutet immer auch, sich ein Stück von sich selbst zu entfernen, um die Belange anderer erkennen und Kompromisse schließen zu können. Das Miteinander setzt die Bereitschaft voraus, auf den eigenen Vorteil zu verzichten. Andererseits sind Sie kein Mensch, der sich bedingungslos den Bedürfnissen anderer unterordnet. Sehr aufmerksam beobachten Sie, ob es in Ihren Beziehungen gerecht zugeht, ob das Verhältnis zwischen Geben und Nehmen stimmt. Ist dies der Fall, treten Ihre besten Eigenschaften zutage – Großzügigkeit und Toleranz.

Ungerechtigkeit ist für Sie hingegen ein rotes Tuch: Sofort fühlen Sie sich in Ihrem Selbstverständnis bedroht und angegriffen. Wie Sie mit dieser Verletzung umgehen, hängt entscheidend von Ihren Erfahrungen mit dieser Art von Situationen zusammen. Viele reagieren mit Angriff und zeigen sich von ihrer aggressiven Seite, während andere resignieren und sich für den Moment enttäuscht zurückziehen. Immer aber steht im Vordergrund, sich vor Übergriffen durch die Umwelt zu schützen und den eigenen Standpunkt zu retten.

Da sich im Vorfeld nicht sagen lässt, ob Ihrem Wunsch nach einem ausgeglichen Geben und Nehmen in einer Beziehung entsprochen wird, ist jede Begegnung für Sie aufs neue ein Balanceakt zwischen der Anerkennung Ihres Bedürfnisses nach Eigenständigkeit und Unabhängigkeit sowie der Offenheit Ihrer Umwelt gegenüber. Doch Ihr Interesse an neuen Impulsen lässt auch dann nicht nach, wenn Sie hin und wieder vor den Kopf gestoßen werden. Als extrovertierter Mensch nehmen Sie solche Fehlschläge im Umgang mit anderen in Kauf, denn die Alternative – sich zu isolieren – kommt für Sie überhaupt nicht in Frage.

Im Grunde Ihres Herzens wünschen Sie sich einen fließenden Austausch zwischen Ihrer Persönlichkeit und der Umwelt, in die Sie eingebettet sind. Jeder profitiert von der Gegenwart des anderen, gerade weil jeder unterschiedliche Stärken hat. Kooperation ist für Sie dann ideal, wenn ein gleichberechtigtes, partnerschaftliches Verhältnis vorherrscht, in dem die Unterschiede der Einzelnen respektiert und als wertvolle Ressource geschätzt werden. Ein gesunder Wettbewerb zwischen Mitgliedern eines Teams ist Ihnen dabei nicht unangenehm, da die entstehende Reibungsenergie Sie motiviert und zu Höchstform auflaufen lässt. Kurz: Es macht Ihnen Spaß, sich mit anderen zu messen, um herauszufinden, wo Sie noch Potenzial haben und sich weiterentwickeln können. Nur fair muss es dabei zugehen. Sie wollen sich weder unterlegen fühlen noch Ihre Überlegenheit ausspielen müssen. Am Ende streben Sie eine Situation an, in der alle Beteiligten gewinnen.

Alles mit allen zu teilen und dabei ganz Sie selbst sein – das ist Ihr großes Ziel. Doch Sie erleben immer wieder, dass Sie vor die Entscheidung »Ich oder die anderen« gestellt werden, obwohl Sie am liebsten »Ich und die anderen« sagen würden.

In einer Gesellschaft, in der Leistung immer auch mit Konkurrenz und dem Sieg über den anderen verbunden ist, haben Ihre Vorstellungen von Teamwork oftmals keinen Platz. So werden Sie sich immer wieder die Frage stellen müssen: Soll ich mich für meine eigenen Bedürfnisse stark machen oder für die der anderen? Sie werden sich immer wieder gegen andere behaupten müssen, anstatt gemeinsam mit ihnen nach einem Weg zu suchen, wie alle ihre Wünsche verwirklichen können. Denn die Alternative wäre, sich zu einem »ordentlichen Bürger der Gesellschaft« zu entwickeln, der sich nie auflehnt, der nie aufbegehrt, der einen guten Ruf besitzt und diesen auch zu pflegen weiß – jemand, den alle mögen und wertschätzen, weil der Umgang mit ihm stets reibungslos verläuft. Und die Vorstellung, nur den Regeln zu entsprechen, behagt Ihnen mindestens ebenso wenig.

Wenn Leben zu Zeit wird

Die Welt dreht sich immer schneller, und das setzt Sie gehörig unter Druck, denn Sie fürchten, Sie könnten letztlich nicht genügend Zeit haben, um Ihr Ziel des großen Miteinanders zu erreichen. Sie fürchten, dass Sie auf der Strecke bleiben werden, wenn Sie sich nicht endlich dazu entscheiden, ein Egoist zu werden, der ohne Rücksicht auf Verluste sein Ding durchzieht.

Es scheint so, als gäbe es einfach nicht genügend Raum für die Erfüllung der Wünsche aller, so dass Sie sich »ranhalten« müssen, wenn Sie ein Stück vom Glück ergattern wollen. Das Leben wird so zum Wettlauf gegen die Angst, am Ende sein Leben nicht gelebt zu haben.

Es scheint nur zwei Optionen zu geben: Entweder Sie entscheiden sich für die Beziehung zu anderen oder die Beziehung zu sich selbst – Nächstenliebe oder Selbstliebe. In beiden Fällen müssen Sie angesichts der kurzen Lebensdauer auf etwas verzichten.

Wählen Sie die Nächstenliebe, müssen Sie sich damit abfinden, als Gutmensch zu den Verlierern zu gehören. Wählen Sie die Selbstliebe, müssen Sie sich abhärten gegenüber den Bedürfnissen Ihrer Umwelt. In beiden Fällen bedeutet das Leiden, denn Sie entbehren etwas, das ursprünglich zu Ihnen gehört. Und so beginnen Sie alles zu vermeiden, was Sie in Berührung mit diesem Schmerz bringen könnte. Nur noch das Positive zählt: entweder die Harmonie im Miteinander, die um jeden Preis erhalten bleiben muss, oder das Hochgefühl, sich selbst zu verwirklichen. Unbill aller Art, Trauer, Hindernisse, Unbehagen, Begrenzungen, Zweifel, Kummer – die dunklen Seiten des Lebens dürfen keinen Platz mehr in Ihrem Leben beanspruchen, denn die Beschäftigung mit ihnen hält Sie auf, kostet Sie Zeit, schmälert Ihre Aussichten darauf, ein »gutes Leben« gelebt zu haben.

Eine wirkungsvolle Strategie zur Vermeidung von Leid ist Aktionismus. Ihr Typ bringt es mit sich, dass Sie die Dinge nicht gern passieren lassen, sondern lieber aktiv ins Geschehen eingreifen. Damit setzen Sie sich oft genug selbst unter Druck, denn Sie erwarten von sich, dass jeder Augenblick von Ihnen genutzt wird – nach dem Motto: »Es gibt nichts Gutes, außer man tut es.« Da Sie manchmal Angst haben, Sie könnten sich auch nur eine Minute langweilen, sorgen Sie bereits im Vorfeld dafür, dass es immer mehrere »Baustellen« gibt, auf denen Sie zum Einsatz kommen können. Geht es dann einmal in einem Lebensbereich gemächlicher zu, lenken Sie Ihre Aufmerksamkeit einfach auf einen anderen. Dass dies hin und wieder zu Überforderung führt, insbesondere in den Phasen, in denen sich viele Ihre Vorhaben reibungslos entwickeln, steht außer Frage.

Delegieren fällt Ihnen in solchen Augenblicken schwer, denn Sie machen sich nicht gern von den Fähigkeiten anderer abhängig. Im Ergebnis hantieren Sie unermüdlich an allen Ecken und Enden – und brechen am Ende des Tages erschöpft zusammen, ohne das befriedigende Gefühl zu haben, etwas vollbracht zu haben.

Sie machen zwar alles, aber nichts davon zu Ihrer eigenen Zufriedenheit. So entsteht der Eindruck, Sie müssten den nächsten Tag mit noch mehr Aufgaben füllen, um Ihre Ziele zu erreichen.

Eine andere Strategie, das Leiden aus Ihrem Leben zu verbannen ist, den eigenen Wünschen zu entsagen. Wenn Sie 24 Stunden am Tag immer nur für andere da sind und sich für deren Bedürfnisse aufopfern, haben Sie gar keine Zeit darüber nachzudenken, wie es Ihnen geht. Indem Sie in den Problemen Ihrer Umwelt aufgehen, lenken Sie sich von Ihren eigenen ab. Gesellschaftlich betrachtet stehen Sie besser da als der Egoist (der maximal heimlich bewundert wird, weil er sich einfach nimmt, was er braucht), weil Sie als umgänglich und fürsorglich gelten – der nette Mensch von nebenan. Und tatsächlich: Sie füllen Ihr Leben damit, Beziehungen aufzubauen, und definieren sich darüber, wie dicht Sie in ein Netz des aktiven Miteinanders eingesponnen sind – immer zuvorkommend, immer hilfsbereit, immer selbstlos. Und genau das ist am Ende das Problem, denn jeder Moment, der Sie auf sich selbst zurückwirft, wird zu einer Bedrohung, denn er könnte Sie mit Ihren eigenen Sehnsüchten und dem eigenen Schmerz in Berührung bringen. Um diesem Schock zu entgehen, jagen Sie einer Gelegenheit nach der anderen nach, um nur nicht mit sich allein sein zu müssen.

Wie Zeit zu Leben wird

Vieles von dem, was Sie jetzt über Ihren Typ gelesen haben, mag Ihnen übertrieben erscheinen. Doch in dieser Zuspitzung wird der Kern Ihres Dilemmas sichtbar: Sie sehnen sich nach der Verbindung von Selbstliebe und Nächstenliebe, doch unsere Kultur der Beschleunigung verlangt von Ihnen, sich zu entscheiden. Wabi Sabi hingegen besagt, dass eine solche Entscheidung nicht notwendig ist, weil es die Knappheit an Gelegenheiten, sein Glück zu finden, nicht gibt. Wenn Sie Ihre Zeit wieder mit Leben füllen, werden Sie merken, dass jeder Augenblick so überreich an Möglichkeiten ist, dass genug für alle da ist.

Es ist ein Augenblick, in dem Sie sich im völligen Einklang mit der Welt befinden: Sie empfinden Ihre Gegenwart in dieser Welt als einen energetischen Fluss von Geben und Nehmen zwischen innen und außen. Sie spüren ganz genau, wer Sie sind und was Ihre besondere Persönlichkeit ausmacht, und zugleich fühlen Sie sich verbunden mit allem, was Sie umgibt.

Da gibt es keine Zerrissenheit mehr zwischen Hingabe und Abgrenzung, zwischen dem Wunsch, seinen eigenen Weg zu gehen, und der Angst, die Harmonie der Gemeinschaft zu gefährden und Konflikte heraufzubeschwören.

Die Welt ist ein Ort voller Herausforderungen, aber Sie fühlen sich nicht gedrängt, jede Herausforderung annehmen zu müssen. Ruhe ist nicht gleichbedeutend mit Stillstand, sondern ein Augenblick, der so selbstverständlich ist wie jener kurze Moment, in dem der Atem zwischen Einatmen und Ausatmen stillzustehen scheint. Es bereitet Ihnen keine Mühe, sich unabhängig von den Anforderungen und Ansprüchen der Gesellschaft zu bewegen und sich doch als ein Teil des Gesamten zu empfinden. Gerade weil Sie wissen, was Sie von anderen unterscheidet, wissen Sie, was Sie in Ihren Beziehungen beitragen können. Das eine bedingt das andere und schließt es nicht mehr aus.

Ihnen ist klar, dass Sie nicht zu denjenigen gehören, die etwas »erreichen« wollen, weil das für Sie bedeuten würde, sich nicht mehr weiterzuentwickeln, können Sie von Zeit zu Zeit innehalten und die Landschaft betrachten. Sie erkennen dann, dass Sie sich nicht beeilen müssen, Ihre Wünsche zu erfüllen, weil die Zeit Ihr Partner ist. Mit dieser inneren Gewissheit kehrt Ruhe in Ihr Leben ein, eine Ruhe, die mit nichts angefüllt werden muss, sondern in der Sie das Leben losgelöst von allen Erwartungen an sich vorbeiziehen lassen können.

Übung: Sich mit der Welt verbinden – und sich von ihr trennen

Diese Übung hilft Ihnen, einen Augenblick zu schaffen, in dem Sie das Wabi Sabi des Lebens besser spüren können. Ziel dieser Übung ist es, den Unterschied zwischen Ihnen selbst und Ihrer Umwelt zu erleben.

Halten Sie für einen Moment inne – egal wann, egal wo. Spüren Sie Ihrem Atem nach. Beobachten Sie, wie die Luft der Außenwelt beim Einatmen in Sie einströmt und beim

Ausatmen Ihren Körper wieder verlässt. Nehmen Sie wahr, wie Sie sich mit jedem Atemzug, der Ihre Lungen füllt, mit der Welt verbinden – und mit jedem Ausatmen, jedem Leeren der Lunge, sich wieder von der Welt trennen.

Erzwingen Sie nichts, sondern lassen Sie es einfach zu. Der richtige Moment für diese Übung ist dann gekommen, wenn Sie gerade Lust dazu haben.

Machen Sie sich mit jedem Atemholen bewusst, dass Sie etwas von der Welt in sich aufnehmen, sich mit ihr vermischen. Und bei jedem Ausatmen spüren Sie nach, wie diese Verbindung sich wieder auflöst und Ihr Körper wieder ganz Ihnen gehört. Beobachten Sie, dass dieser Wechsel unerlässlich ist, dass Verbindung und Trennung einander bedingen und dass wir nicht in einem der beiden Zustände verharren können, ohne uns gegen den Fluss des Atems zu stellen – und uns letztlich zu schaden.

Lassen Sie Ihren Blick nun über Ihre Umwelt schweifen. Versuchen Sie dies, ohne dabei ein Ziel, eine bestimmte Absicht zu verfolgen. Lassen Sie Ihre Aufmerksamkeit einfach treiben, und achten Sie nur auf den Atem, das Wechselspiel zwischen Ein- und Ausatmen.

Wählen Sie einen Gegenstand in Ihrem Blickfeld aus, der Sie gerade interessiert – nichts Besonderes, einfach einen Gegenstand in Ihrer unmittelbaren Umgebung, den Sie mühelos eine Weile betrachten können. Verbinden Sie Ihre Wahrnehmung mit dem Eindruck des Ein- und Ausatmens. Stellen Sie sich vor, wie Sie sich beim Einatmen mit diesem Gegenstand verbinden und über das Ausatmen die Verbindung wieder lösen.

Beobachten Sie, was geschieht, wenn Sie sich mit den besonderen Eigenschaften dieses Gegenstands verbinden –

zum Beispiel mit seiner Farbe, seiner Oberflächenstruktur (weich, glänzend, hart ...) oder seiner Beschaffenheit (Transparenz, Größe, Detailreichtum ...)? Welche Eigenschaften lösen bei Ihnen angenehme Empfindungen und Assoziationen aus, welche eher unangenehme? Was davon würden Sie gern bei sich behalten, und was geben Sie gern wieder mit dem Atem nach außen ab?

Bleiben Sie so lange bei diesem Gegenstand, wie Sie es möchten. Nachdem Sie sich gelöst haben, spüren Sie nach, ob Sie sich jetzt besser fühlen, und wenn ja, in welcher Hinsicht. Haben Sie etwas für sich erkannt? Welche nützlichen Erkenntnisse sind Ihnen geblieben?

Sich mit der Welt zu verbinden, bedeutet immer auch, sich von der Welt berühren zu lassen – und zwar von all ihren Seiten, den schönen und den weniger schönen. Wabi Sabi lehrt, dass Schönheit nicht in der Perfektion, sondern in der Unvollkommenheit liegt, in den feinen Unterschieden, die einen Gegenstand von seiner eigenen Vollkommenheit trennen: der Sprung in einer Tasse, die vergilbten Seiten eines Buches, der Fleck an der Wand, die vom Sonnenlicht gebleichten Stellen auf der Tagesdecke. Genau diese kleinen Unvollkommenheiten zeigen, dass der Gegenstand eine Geschichte hat, dass er nicht ohne Zeit ist, sondern eingebunden in den allgegenwärtigen Prozess von Werden und Vergehen.

Wiederholen Sie die Übung mit einem Gegenstand, der diese Kriterien erfüllt, und vergleichen Sie die Wirkung. Sie werden merken: Der Wabi-Sabi-Gegenstand wird Sie reicher und zufriedener zurücklassen.

Eine fortgeschrittene Variante dieser Übung besteht darin, sich einen Menschen vorzustellen, der Sie gerade beschäftigt, sei es, weil Sie sich unwohl in der Beziehung mit ihm fühlen, weil Ihnen die Beziehung gerade Sorgen bereitet oder auf andere Art gerade besonders wichtig ist. Stellen Sie sich diesen Menschen vor, wie Sie ihn zuletzt gesehen haben. Vergegenwärtigen Sie sich alle Einzelheiten Ihrer letzten Begegnung, bis Sie diesen Menschen deutlich vor Augen haben. Dann verbinden Sie sich auf die eben beschriebene Weise mit ihm über Ihren Atem. Sie können sich nun Fragen stellen wie:

- Was bleibt aus dieser Begegnung in mir übrig, das ich gern behalten möchte? Was hat er mir gezeigt?
- Was möchte ich lieber wieder abgeben, weil es mich belastet und mich von der Entdeckung meiner eigenen inneren Bedürfnisse ablenkt?
- Wenn Sie sich um jemanden Sorgen machen: Wann taucht das Gefühl in Ihnen auf? Wenn Sie sich mit ihm verbinden? Oder auch wenn Sie sich wieder von ihm trennen? Was passiert, wenn Sie die Sorgen beim Ausatmen freilassen – wie einen Besucher, der nur kurze Zeit bei Ihnen zu Gast war?

Sie können diese Übung auch mit allen anderen Gefühlen durchführen, die Sie einem Menschen gegenüber gerade empfinden.

Wenn Sie es sich zu einer guten Gewohnheit machen, die Empfindungen, die Sie mit einem Menschen verbinden, nicht als fest verwurzelten Teil Ihrer Identität zu betrachten, sondern als Ergebnis der Wechselwirkung zwischen Ihnen und Ihrem Gegenüber, werden Sie sich freier dafür entscheiden können, wie und in welcher Intensität Sie sich auf einen Menschen einlassen. Sie machen sich unabhängiger, weil Sie Bindungen jederzeit zulassen, aber auch wieder lösen können – Sie haben die Wahl.

Übung: Mein Beziehungsnetzwerk

Beziehungen sind Ihr Leben. Damit diese aber nicht zum Stressfaktor werden, ist es notwendig, sich hin und wieder mit dem Netzwerk, in dem Sie sich befinden, auseinanderzusetzen. Welche Qualität haben die Beziehungen? Stimmt das Verhältnis von Geben und Nehmen noch?

Denn nur wenn sich diese beiden Pole in Balance befinden, können Sie Ihr eigenes Gleichgewicht halten. Die folgende Übung hilft Ihnen, Ihre Beziehungen daraufhin zu untersuchen, ob Sie Wabi Sabi in Ihrem Leben stärken müssen oder ob ein Ungleichgewicht vorliegt, das Sie unbedingt ausgleichen müssen.

Suchen Sie sich bitte aus den folgenden drei Beziehungsfeldern jeweils einen Menschen aus, und nehmen Sie sich genug Zeit, um die folgenden Fragen ehrlich und ausführlich zu beantworten!

- die Beziehung zu einem Freund, einer Freundin
- die Beziehung zu einer Autorität (zum Beispiel zu Ihrem Vorgesetzten oder zu Ihrem Vater beziehungsweise Ihrer Mutter)
- die Beziehung zum Lebenspartner (wenn Sie gerade keinen haben, dann erinnern Sie sich daran, wie es war oder wie es sein könnte …)

Es spielt dabei keine Rolle, wie gut Sie sich mit dieser Person zurzeit verstehen. Entscheidend ist, dass Ihnen die Beziehung zu ihr wichtig ist.

Nehmen Sie ein großes Blatt Papier, und notieren Sie in der Mitte Ihren Namen. Tragen Sie anschließend die Namen der drei Personen, die Sie ausgewählt haben, um Ihren Namen herum ein. Je näher der betreffende Mensch Ihnen im Augenblick steht, umso näher schreiben Sie seinen Namen bitte an Ihren.

Jetzt zeichnen Sie einen Pfeil, der jeweils von Ihnen zu einer der drei Personen führt und umgekehrt. Der eine Pfeil verkörpert das, was Sie in der jeweiligen Beziehung geben, der andere das, was Sie bekommen. Finden Sie für jede Beziehung und für jeden Pfeil eine Überschrift, die genau das ausdrückt:

- Was bekomme ich vom anderen?
- Was gebe ich dem anderen?

Wie empfinden Sie das momentane Verhältnis von Geben und Nehmen? Kommt das, was Sie geben, beim anderen auch an? Und ist etwas von dem, was der andere Ihnen gibt, für Sie spürbar? Vermissen Sie etwas?

Markieren Sie die Pfeile farblich, bei denen Sie das Gefühl haben, hier müssten Sie auf der Geben- und/oder Nehmen-Seite etwas verbessern. Dann überlegen Sie:

- Wenn es ein Ungleichgewicht auf Ihrer Seite gibt: Was könnte ich als Nächstes tun, um die Situation zu verbessern, das Defizit auszugleichen? Welche Gelegenheit könnte ich nutzen, um dem anderen zu zeigen, dass mir etwas an unserer Beziehung liegt?
- Wenn Sie den Eindruck haben, dass das Defizit auf der anderen Seite liegt: Was könnte ich tun, damit der andere sich wieder motiviert fühlt, mir in unserer Beziehung etwas zu geben?

Bei der Beantwortung dieser Fragen können Sie sich an folgender Überlegung orientieren: Gab es schon einmal eine Zeit, als die Beziehung in beiden Richtungen optimal war? Wie fühlte es sich an, als Geben und Nehmen noch im Gleichgewicht waren? Was haben Sie damals im Unterschied zu heute getan oder gelassen, so dass die Energie zwischen Ihnen beiden mühelos fließen konnte?

Sie können auch folgende Gedanken mit einfließen lassen: Als es einmal nicht so gut lief, was habe ich daraus für mich und mein Leben gelernt? Welche Kraft hat mich am Ende trotzdem an der Beziehung festhalten lassen, obwohl es so schwierig war? Für welche Momente, die ich gemeinsam mit diesem Menschen erleben durfte, bin ich dankbar? Was glaube ich, ist unsere gemeinsame Aufgabe – unser »Auftrag«, der unsere Beziehung, unsere Gemeinsamkeit ausmacht? Wie könnten wir beide uns wieder so ergänzen, dass wir unsere gemeinsame Aufgabe in guter Weise erfüllen? Was genau werde ich in den nächsten 24 Stunden für unsere Beziehung tun?

Sie können diese Übung zur Analyse Ihres Beziehungsnetzwerks beliebig oft mit anderen Personen wiederholen. Es ist jedoch ratsam, nicht mehr als drei Personen auf einmal auszuwählen.

Langsam, aber sicher werden Sie ein Gefühl für das Beziehungsnetzwerk bekommen, in das Sie verwoben sind, und Sie werden sich, ungeachtet dessen, welche Gestalt die Beziehung gerade einnimmt, in der Mitte dieses Netzes gut aufgehoben wissen. Sie werden jeden Augenblick mit diesen Menschen – die guten wie die leidvollen – als kostbaren Ausdruck des Wesens der Beziehung erfahren können.

Typ 2 – Leben ist Genuss

Als Angehöriger dieses Typs wünschen Sie sich an erster Stelle Sicherheit im Leben. Dabei geht es nicht nur um Sicherheit in ihrem materiellen, körperlichen Aspekt wie beispielsweise Besitz oder leibliche Unversehrtheit, sondern auch um geistige Sicherheit. Darunter fallen insbesondere Wertvorstellungen und Prinzipien, die Sie bei all

Ihrem Streben leiten und Ihnen die Gewissheit geben, das Richtige zu tun. Sie zeichnen sich durch hohe Ideale aus, denen Sie sich verpflichtet fühlen, denn diese Werte geben Ihnen Halt im Leben.

Grundlage für diese Haltung ist eine starke Verwurzelung in der materiellen Welt. Schon früh machten Sie die Erfahrung, dass alles auf dieser Welt endlich ist. Vermutlich hat kein anderer Typ einen so natürlichen Bezug zu der Tatsache, dass alles, was an einen Körper gebunden ist, auch den Gesetzen des Werdens und Vergehens unterworfen ist. Sie spüren, dass die Dinge ihren Lauf nehmen und dass es so, wie es jetzt gerade ist, nie mehr sein wird, und dass Sie den Augenblick nehmen müssen, wie er kommt. »Carpe diem« – »Pflücke den Tag«, das könnte Ihr Motto sein. Das Leben genießen und sich nicht um Morgen sorgen. Gern teilen Sie diese Freude am Genuss mit anderen Menschen. Freunde, Familie spielen eine wichtige Rolle in Ihrem Leben, denn hier finden Sie die Gemeinschaft, die Sie brauchen, um in einem geschützten Rahmen den schönen Dingen des Lebens nachzugehen. Ein gemeinsam verbrachter Abend im Kreis Ihrer Lieben, eine Unternehmung in der Gruppe, eine Anstrengung, die man als Team gemeinschaftlich bewältigt – diese Situationen gehören zu den erstrebenswerten Dingen in Ihrem Leben.

Dahinter steckt der Wunsch nach Zugehörigkeit. Gerade weil das Leben geprägt ist von einem ununterbrochenen Werden und Vergehen, bedarf es als Ausgleich bestimmter übergeordneter Bindungen, auf die Sie sich verlassen können. Dazu gehören an erster Stelle die Bindungen zu anderen Menschen. Es gibt Ihnen Sicherheit zu wissen, wohin Sie gehören, wo Ihre Heimat ist. Das kann die Familie sein, aber auch jede Gruppe von Menschen, mit denen Sie eine Gemeinsamkeit wie zum Beispiel ein gemeinsames Ziel verbindet. Wichtig ist, dass die Grenzen zwischen diesem Zirkel, dem Sie sich verbunden fühlen, und der Außenwelt klar gezogen sind. Es muss zweifelsfrei feststellbar sein, wer dazugehört und wer nicht – dies garantiert Ihnen die Stabilität, die Sie benötigen, um sich sicher zu fühlen.

In diesem Bemühen um Eindeutigkeit entwickeln Sie bestimmte Vorstellungen von der Welt, die Ihnen helfen sollen, die Spreu vom Weizen zu trennen. Es sind klare Prinzipien, nach denen Sie die Welt sortieren, und zwar in erster Linie in das, was Ihnen guttut und Ihnen Stabilität im Denken, Fühlen und Handeln verleiht, und das, was Sie in Ihrem Sicherheitsgefühl als Bedrohung erleben. Diese Vorstellungen leiten Sie, wenn es darum geht, zu entscheiden: Wem oder was kann ich mein Vertrauen schenken?

> Diese Prinzipien erfüllen eine Filterfunktion: Wer erfolgreich passiert, gehört in den Kreis der Vertrauten, wem dies nicht gelingt, wird als Fremder misstrauisch beäugt und zur potenziellen Bedrohung erklärt. Das gilt für Menschen genauso wie für Ideen.

Sie knüpfen hohe Erwartungen an Ihre Umwelt und beharren darauf, dass die Welt sich daran ausrichten muss. Dahinter stecken das Bemühen und der Wunsch, in dieser sich ununterbrochen wandelnden Welt etwas Beständiges und Dauerhaftes zu schaffen. Da Sie wissen, dass das Materielle diesen Wunsch nur sehr begrenzt erfüllen kann, verfolgen Menschen Ihres Typs umso mehr die Erfüllung ihrer Ideale – vielleicht sogar mit dem Hintergedanken, auf diese Weise die Konfrontation mit der Endlichkeit aller Existenz für sich zu entscheiden. Der Geist kann über die Materie siegen. Während aller materieller Besitz irgendwann dem Zahn der Zeit preisgegeben ist, können Ideen und Gedanken Jahrhunderte, ja Jahrtausende überdauern.

So erklärt es sich, dass Sie an einmal als richtig erkannten Prinzipien mit einer Hartnäckigkeit festhalten, die nicht jeder in Ihrem Umfeld verstehen kann. Was für Sie einfach Prinzipientreue und ethische Selbstverpflichtung sind, erleben andere als Fixierung. Für Sie ist es der Versuch, dem Leben Festigkeit und Dauer abzuringen, etwas, auf das Sie sich verlassen können. Dafür sind Sie auch bereit, über sich selbst hinauszuwachsen und sich selbst einzuschränken. So genussfreudig Sie auch sein mögen, so streng können Sie mit sich selbst und anderen ins Gericht gehen, wenn es um die Verwirklichung und Einhaltung der Ideale geht, ohne die Ihr Leben nichts wert zu sein scheint.

Wenn Leben zu Zeit wird

Wenn alles vergänglich ist, droht das Leben für Menschen Ihres Typs zum Kampf gegen die Vergänglichkeit zu werden. Zwei Strategien dominieren diesen Kampf: Immer mehr Genuss und immer mehr Perfektion. »Man lebt nur einmal«, das ist der Schlachtruf derer, die sich angesichts der Endlichkeit aller Existenz in den Genuss stürzen. Doch während wahrer Genuss sich am Augenblick erfreut und über den Akt des Genießens Zeit und Raum vergisst, jagt hier ein Genusserlebnis das nächste, denn eine Befriedigung ist nicht in Sicht. Befriedigung würde ja bedeuten, dass der Genuss vollendet wäre, doch gerade dieser Vollendung sehen Sie mit Besorgnis entgegen. Wie gut, dass unsere Konsumgesellschaft jede Form des Genusses noch toppen kann. Und so lässt sich der Genussmensch von dem Versprechen locken, dass es immer noch ein weiteres Highlight zu entdecken gibt, dass die Sinne immer noch außergewöhnlicheren und exquisiteren Stimulanzien ausgesetzt werden können.

Wichtig ist nur, nicht stehen zu bleiben, süchtig nach dem noch größeren Kick, dem noch aufregenderen Erlebnis, der ultimativeren Erfahrung. Die ununterbrochene Steigerung des Genusses soll die Furcht vor der Endlichkeit des Lebens besiegen.

Was dabei auf der Strecke bleibt, ist paradoxerweise die Fähigkeit des Genießens selbst – das ist ein Vorgang, der sich zeitlos entfaltet. Denn wer kann schon die Gegenwart genießen, wenn die nächstgrößere Freude bereits um die Ecke wartet? Hier wird Leben zu Zeit, denn der Moment des Genießens schreit in der Sekunde seines Vergehens schon nach Wiederholung und Steigerung und wird nur zu einem Zeitpunkt unter vielen.

Vielleicht glauben Sie aber auch, dass die Vergänglichkeit der Materie mit einem Mehr an Materie zu beantworten ist: »Du bist, was du hast.« So entsteht ein Bedürfnis nach mehr Besitz und mehr Wohlstand, denn beides verbinden Sie mit mehr Sicherheit im Leben. Die Wege dahin können völlig unterschiedlich sein: Die einen suchen den Luxus und verbinden so den vermeintlichen Genuss mit dem sicheren Gefühl, immer genug zu haben, andere streben einfach nur finanzielle Absicherung an. »Geiz ist geil«, so lautet die Devise derjenigen, die Sparsamkeit mit Konsum verknüpfen, um immer weniger Geld für immer mehr ausgeben zu können – nach dem Motto: Wenn die Dinge schon nicht für die Ewigkeit geschaffen sind, dürfen sie auch nichts kosten.

Aber egal, ob Sie Ihr Leben nun danach ausrichten, es immer teurer oder immer billiger zu leben, Sie befinden sich in einem fortwährenden Alarmzustand, denn das noch billigere Schnäppchen oder der noch wertvollere Gegenstand wartet nur darauf, von Ihnen in Besitz genommen zu werden. Beruhigung verschafft das Gefühl, jederzeit über das Benötigte und Begehrte zu verfügen. Doch diese Ruhe ist immer nur von kurzer Dauer, denn sobald Sie glauben, genug zu haben, tauchen neue Produkte auf, die eine noch größere Befriedigung versprechen. Das chronische Überangebot unserer Konsumgesellschaft sorgt für ununterbrochene Unruhe, denn zum Reiz der Inbesitznahme kommt die Angst, es sich nicht mehr leisten zu können. Habe ich morgen noch die finanziellen Mittel, um in dieser sich ununterbrochen steigernden Spirale von Angebot und Nachfrage mitmachen zu können? In diesem Bemühen werden viele Menschen Ihres Typs zum ewigen Konsumenten, der seine gesamte Anstrengung darauf ausrichtet, sich das Leben leisten zu können. Statussymbole wie eine schicke Wohnung, ein teures Auto, Markenkleidung, Schmuck und andere Accessoires werden zum zentralen Dreh- und Angelpunkt der Existenz. Ob sie das, was sie kaufen, auch wirklich benötigen, ist zweitrangig. Es geht vor allem darum, an der schönen Welt der Käuflichkeit teilnehmen zu können, dazuzugehören.

Wie Zeit zu Leben wird

Wie aber können Sie der Angst entkommen, etwas zu versäumen? Wie kehrt Ruhe in Ihr Leben zurück – und vor allen Dingen wahrer Genuss?

Wabi Sabi zeigt Ihnen, dass Genießen keine Frage des Werts eines Gegenstands ist, sondern eine Frage des Augenblicks. Genuss entsteht, wenn Sie sich auf das, was Ihnen begegnet, voll und ganz einlassen, wenn nichts existiert als die Gegenwart. Der Schluck Wein, der Bissen frischen Brotes, der Duft von Rosen, die zarte Berührung streichelnder Hände, der Anblick des Abendsterns am einsamen Himmel, der Wind, der durch das Herbstlaub fährt und es zum

Tanzen bringt … Im Grunde Ihres Herzens wissen Sie diese flüchtigen Momente genau zu schätzen, die einzigartig und unwiederbringlich sind – und genau deshalb so kostbar.

Erinnern Sie sich an einen Augenblick voller Glück, in dem alles stimmte, der einfach perfekt war. Auch wenn er noch so weit zurückliegen mag – nehmen Sie Kontakt zu ihm auf, als ob er gerade erst verflogen wäre. Vielleicht ist es ein geselliger Abend mit Freunden bei gutem Essen oder ein Rendezvous mit Ihrer ersten großen Liebe. Oder der atemberaubend schöne Anblick eines Sonnenuntergangs an einem Urlaubstag, begleitet vom Rauschen des Atlantiks. Merken Sie, wie die Entspannung und das Hochgefühl, die diesen Augenblick damals kennzeichneten, wieder in Ihnen lebendig werden? Wie die Vergangenheit zur Gegenwart wird, indem Sie sich an sie erinnern? Nichts von dem, was Sie erlebt haben, ist verloren. Es ist immer noch in Ihnen, und Sie können es jederzeit zum Leben erwecken. Und genau das ist Ihre Gabe: Sie können sich an Dinge erinnern wie kaum ein anderer Zeit-Typ, und können sich in Ihrer Vorstellung bewegen, als wäre Ihr Gedächtnis ein Raum, angefüllt mit kostbaren Erinnerungen. Diese Gabe macht es überflüssig, sich um die Vergänglichkeit und die Haltbarkeit, um den Wert der Dinge um Sie herum zu sorgen. Denn ob die Welt vergeht oder nicht: Sie verfügen über alles, was wichtig ist – Sie müssen nur Ihren Geist für Ihren inneren Reichtum öffnen.

Es liegt in der Natur des Einzigartigen, dass es sich nicht wiederholen und auch nicht einfangen lässt. Niemals wieder wird es diesen einen Augenblick geben, in dem Sie höchstes Glück empfanden. Und doch ist dies kein Grund zu Trauer, denn Sie wissen: Das Glück, das Sie erfahren haben, gibt es wirklich, und es existiert weiter – in Ihnen.

Das ist es, was Wabi Sabi Ihnen zeigt: Genuss entsteht aus dem Augenblick heraus, er öffnet sich wie eine Blüte in der Morgensonne ganz von selbst, ohne Anstrengung – Sie müssen gar nichts tun und müssen ihn auch nicht suchen. Das, was Ihnen diese Augenblicke schenken, ist fester in Ihrem Leben verankert als jeder äußere Wert, den Sie glauben besitzen zu müssen.

Wenn die Angst vor dem Verlust Ihres erreichten Status schwindet und Sie nicht mehr das Bedürfnis nach Sicherung des Erworbenen verspüren, werden Sie einen ganz anderen Zugang zum Leben bekommen. Überlegen Sie, wie viel Kraft und Energie Ihnen zur Verfügung stehen werden, wenn Sie diese nicht mehr darauf aufwenden, sich gegen das ganz natürliche und selbstverständliche Werden und Vergehen der Welt zu sträuben! Sie durchbrechen die endlose Spirale des Immer-mehr an Werten, seien diese materieller oder geistiger Natur.

Im Zuge dieser Erkenntnis fühlen Sie sich nicht mehr so sehr den Werten anderer verpflichtet – den Werten der Gesellschaft, Ihres Partners, Ihrer Familie, Ihres Berufs –, sondern in zunehmendem Maße Ihren ureigenen. Was ist Ihnen wirklich wichtig? Wofür lohnt es sich für Sie, zu leben? Auf welchen Prinzipien baut Ihr Leben auf? Diese Fragen beantworten Sie nun nicht mehr aus der Abhängigkeit von Ihrer Umwelt heraus, sondern aus sich selbst heraus.

Wabi Sabi offenbart Ihnen eine Perspektive auf ein Leben, in dem Sie sich auf sich selbst verlassen. Sie selbst geben sich die Sicherheit, die Sie benötigen. Die Werte der anderen, die Prinzipien der Gesellschaft waren nur ein Stützgerüst, das Sie nun entfernen können, weil Ihre eigenen Werte und Prinzipien Sie aufrechterhalten. Zugehörigkeit ist Ihnen immer wichtig gewesen, aber nun fragen Sie nicht mehr: Was muss ich tun, um dazuzugehören?

Jetzt fragen Sie eher: Welcher ist mein Beitrag zur Gemeinschaft, wenn ich so bin, wie ich bin?

> Zugehörigkeit ist nichts, wofür Sie etwas leisten müssen, was
> Sie erst erwerben müssen, was Sie sich erkaufen könnten –
> sei es durch Leistung oder durch Geld –, sondern etwas,
> das Ihnen natürlicherweise zusteht.

Jetzt können Sie es auch unterlassen, andere nach den Schablonen Ihrer eigenen Prinzipien zu bewerten, denn Sie wissen nun, dass jedes Prinzip und jede Vorstellung, jede Idee über das Leben und die Welt ebenso vergänglich sind wie das Leben und die Welt selbst. Auch wenn Sie sich heute sicher sind, zu wissen, was richtig und was falsch ist, können Sie morgen die Welt mit anderen Augen sehen und eine neue Wahl treffen. Jeder nächste Augenblick ist eine neue Gelegenheit, sich selbst zu definieren.

Wabi Sabi lehrt Menschen Ihres Typs, sich der Veränderung des Lebens nicht länger entgegenzustellen, sondern aus ihr die Kraft zu schöpfen, das Leben immer neu zu gestalten. Es ermutigt Sie, Ihre ethischen Wertvorstellungen, gedanklichen Schablonen und Dogmen sowie äußeren Werte, die Sie an die Zeit fesseln, loszulassen, weil jeder Augenblick stets alles in sich trägt, was wir brauchen. Diese Erkenntnis kann der Beginn einer neuen, guten Gewohnheit werden: das Leben zu genießen, ohne es festhalten zu wollen.

Fragen, die Sie sich als Zeit-Typ 2 stellen können:

- Woran merke ich, dass ich mich ganz auf mich selbst verlassen kann? In welchen Situationen neige ich dazu, mich eher auf andere als auf mich zu verlassen?
- Woran erkenne ich, dass ich genug habe? Was ist wirklich notwendig, um mich sicher und geborgen zu fühlen?

• Wie fühlt sich wahrer Genuss für mich an? Welche Situationen meines Lebens waren erfüllt von diesem Genuss? Welche innere Einstellung hat mir erlaubt, diesen Genuss zu leben?

Übung: Vom perfekten zum idealen Selbst

In dieser Übung dürfen Sie sich ganz Ihren Träumen hingeben. Sie sollen es sogar. Und zwar den Träumen, wie Sie sich Ihr Leben idealerweise vorstellen. Viele Menschen haben damit anfangs jedoch Schwierigkeiten, weil wir schon von klein auf gelernt haben, »realistisch« zu sein, nicht »nach den Sternen zu greifen« und »auf dem Boden zu bleiben«. Die meisten von uns haben eine sehr viel bessere Vorstellung davon, was sie nicht wollen, als von dem, was sie wollen (zum Beispiel »Nicht arbeitslos werden« statt »Meine Berufung leben« oder »Nicht an xy erkranken« statt »Körperlich, geistig und seelisch gesund sein« etc.). Viele leben ein Leben, das der »Realität« entspricht, statt ein Leben zu leben, das ihren Möglichkeiten und Begabungen entspricht.

Dabei verwechseln sie die Ebenen, indem sie denken, sie müssten viel HABEN (Geld, Sicherheit …), um wirklich das TUN zu können, was Sie wollen. Mit dieser Haltung wird Geld, für das hart und viel gearbeitet werden muss, zum wichtigsten Bezugspunkt. So bleiben kaum Zeit und Energie für die Dinge, die man gerne tun würde, weshalb man ja so unglücklich ist!

Wabi Sabi zeigt uns, dass der Weg zum eigenen Ideal gerade andersherum führt: Wir beginnen damit, derjenige zu SEIN, zu dem wir uns berufen fühlen. Aus dieser Haltung heraus TUN wir das, was wir (aufgrund unserer inneren Berufung) tun müssen. So bekommen wir letztlich das (HABEN), was wir uns aus tiefstem Herzen wünschen. Der erste Schritt besteht in der Erkenntnis, dass wir uns mit unseren Gedanken selbst blockieren.

> Wir können unser Leben sehr viel erfüllter leben, wenn wir unser Denken an unserem Ideal ausrichten. Dazu müssen wir zunächst unser eigenes Ideal erkennen und die Beschränkungen auflösen, die uns daran hindern, über das hinauszudenken, was wir als Realität wahrnehmen.

Diese Übung unterstützt Sie dabei, Ihr Ideal zu entdecken und dabei einschränkende Gedankenmuster oder Glaubenssätze (wie zum Beispiel: »So etwas tut man nicht«) zu identifizieren. Diese können dann durch positive Gedanken ersetzt werden. Nehmen Sie sich dafür etwa eine Stunde Zeit – gern auch länger. Für den ersten Schritt, den Tagtraum, können Sie sich eine leise Hintergrundmusik auswählen.

Schritt 1 – der Tagtraum: Sie dürfen sich nun für eine Weile in Ihren ganz persönlichen Tagtraum begeben. Stellen Sie sich in diesem kleinen Traum all das vor, was Sie sein könnten, wenn es keine Beschränkungen gäbe. Wenn Sie sein, tun, haben könnten, was Sie wirklich wollen. Wie sähe Ihr Leben dann aus? Was würden Sie tun? Was würden Sie besitzen? Mit welchen Menschen wären Sie zusammen? Was würden Sie für die Welt, für Ihre unmittelbare Umgebung tun? Und was wäre darüber hinaus noch möglich? Für Sie und für die Menschen, die Sie umgeben? Was wäre Ihr Dienst an der Gemeinschaft? Machen Sie sich immer wieder klar, dass es in Ihrem Traum keinerlei Beschränkungen gibt, dass alles möglich ist. Also: Welches wäre die erhabenste Vision Ihrer selbst?

Schritt 2 – das Ideal meiner selbst: Schreiben Sie nun alles auf, was Ihnen in dieser Viertelstunde begegnet ist! Erlauben Sie sich auch in diesem zweiten Schritt, über Ihre gegenwärtigen Grenzen hinauszugehen. Bleiben Sie offen für Neues und lassen Sie Ihrer Phantasie freien Lauf. Überlegen Sie dabei nicht krampfhaft, sondern schreiben Sie einfach alles auf, was Ihnen in den Sinn kommt.

Meine Idealvorstellung von mir selbst:

....

....

....

....

....

Wie sähen folgende Lebensbereiche aus, wenn sie meinem Ideal entsprächen? Beziehungen / Arbeit, beruflicher Erfolg / Geld / Lebensstil / Besitz / Wohnort / schöpferischer Selbstausdruck / Freizeit, Reisen / persönliches Wachstum, Weiterbildung:

....

....

....

....

....

Wie würde ich die erhabenste Vision von mir selbst beschreiben?

....

....

....

....

....

Schritt 3 – die inneren Kritiker: Vermutlich sind Ihnen schon während Ihres Tagtraums, spätestens aber beim Aufschreiben Ihres eigenen Ideals, viele störende Gedanken durch den Kopf geschossen. Stimmen, die Sie mahnten, »auf dem Boden zu bleiben«. Vielleicht haben Ihnen diese inneren Kritiker auch zugeflüstert, dass Sie es ohnehin nicht schaffen werden, den hohen Ansprüchen dieses Ideals gerecht zu werden? Dass Sie diesen Grad an Perfektion nur erreichen können, wenn Sie sich noch mehr anstrengen und zu noch größeren Opfern bereit sind? Lassen Sie alle negativen Stimmen noch einmal Revue passieren – und schreiben Sie die, an die Sie sich jetzt erinnern können, auf:

....

....

....

....

....

Schritt 4 – die innere Kritik in positive Sätze verwandeln: Nachdem Sie Ihre inneren Kritiker nun identifiziert haben, überlegen Sie, woher diese kommen. Wann haben sie sich zu Ihnen gesellt? Sind sie eventuell sogar schon zu einer Art Lebenseinstellung geworden? Sie können diese inneren Kritiker in einem weiteren Schritt durch konstruktivere ersetzen: Wenn sich ein negativer Gedanke vor Ihr Ideal stellt, dann tauschen Sie ihn durch einen positiven aus, an den Sie glauben können. »Das schaffst du nie!« können Sie so beispielsweise ersetzen durch »Ich schaffe alles, was ich wirklich will«. Anstelle von »Du musst dich noch mehr bemühen, um wirklich perfekt zu sein!« können Sie sagen »Ich will meine Ideale leben, aber ich muss nicht perfekt sein«. Denken Sie daran: Ihre Gedanken sind der erste Schritt, um die Zukunft zu gestalten!

Typ 3 – Leben ist Kommunikation

Die Welt ist für Sie ein Ort, der voller neuer Erfahrungen und Ideen ist – ein farbenprächtiger Ort, eine faszinierende Landschaft aus Neuigkeiten, ein Kaleidoskop vielfältiger, spannender Informationen. Und jeder Blickwinkel soll Ihnen neue Facetten des Lebens offenbaren. Darum haben Sie ein starkes Bedürfnis nach Veränderung und Beweglichkeit, denn wer stillsteht, der wird die Welt auch nur aus einer einzigen Perspektive kennenlernen – und das ist Ihnen definitiv zu wenig.

Wie ein Schmetterling fliegen Sie von Blüte zu Blüte, trinken mal hier, mal dort etwas Nektar und ergötzen sich an der Vielfalt der Welt. Sie verschwenden kaum einen Gedanken daran, irgendwo auch einmal anzukommen, denn es dauert nicht lange und schon taucht etwas Neues am Horizont auf, das Ihr Interesse weckt. Dann hissen Sie sofort Ihre Segel und steuern zielstrebig darauf zu. Das Gestern lassen Sie hinter sich, dem Morgen gehört Ihr ganzes Sehnen.

Doch es geht Ihnen nicht nur um das Sammeln von Informationen, auch wenn es in der Regel damit anfängt. Sie möchten diese auch verarbeiten und in größere Zusammenhänge stellen. Irgendwann merken Sie, dass Sie eine ungeheuer große Zahl an Puzzlesteinen in Ihren Händen halten und dass diese Steine am Ende ein Bild ergeben könnten. So machen Sie sich daran, die Informationen miteinander zu verbinden. Aus reinen Mitteilungen wird Wissen und aus bloßem Informiertsein wird Verstehen. Dass Sie keine Ahnung haben, welches Bild sich Ihnen am Ende präsentieren wir, ist völlig in Ordnung, denn so bleibt es spannend, und Sie können auch weiterhin dem nachgehen, was Sie mit großer Freude und Faszination erfüllt: der Erweiterung Ihres Horizonts.

Den meisten Menschen dieses Typs genügt es nicht nur, zu wissen, sie wollen ihr Wissen auch zeigen. So finden Sie große Befriedigung darin, sich mit anderen Menschen auszutauschen und Ihre Meinung in Diskussionen kundzutun. Die ursprünglich sachlichen Informationen bekommen so eine durch Ihre Persönlichkeit gefärbte Bedeutung, werden zu Erkenntnissen, die Sie weitergeben wollen.

Es vergeht kein Tag, an dem Sie nicht mit irgendjemandem in Kontakt stehen, Informationen empfangen oder selbst Informationen verteilen. Die Lektüre der Zeitung, die Konferenz mit Kollegen, der Plausch am Gartenzaun, die Auseinandersetzung mit Ihrem Partner, das Surfen im Internet – all das sind Gelegenheiten, um sich auf den neuesten Stand zu bringen und sich in das große Netzwerk des Wissens einzuklinken.

Eine der erstaunlichsten Beobachtungen, die Menschen Ihres Typs machen können, ist, dass Informationen an sich keine Bedeutung haben, sondern erst durch den Zusammenhang, in den Sie sie stellen, Bedeutung erlangen. Sie merken: Wissen ist Macht – und die Macht besteht darin, Informationen so zu präsentieren, dass dies andere beeindruckt.

Im Grunde suchen Sie nach einer alles umspannenden Lebensphilosophie, einer Maxime, unter der sich all Ihr Wissen sinnvoll zusammenfassen lässt – so etwas wie die Weltformel, nach der so viele Generationen von Naturwissenschaftlern gesucht haben, frei nach dem Faustschen Motto: »Zu wissen, was die Welt im Innersten zusammenhält.«

Wenn Leben zu Zeit wird

Ihre Beweglichkeit bedingt, dass Sie viel Raum für sich benötigen. Wer sich für alles interessiert, der versucht, jeder Eingrenzung aus dem Weg zu gehen. Freiheit bedeutet für

Sie, Ihrem Drang nach Wissen und Informationen ungehindert nachgehen zu können. Und genau das ist Ihre Achillesferse, Ihre Schwachstelle. Aus dem Wunsch nach Wissen wird ein Bedürfnis nach Informationen verbunden mit dem Grundgefühl, dass Informationen knapp werden könnten.

Vielleicht glauben Sie, dass nur der, der viel weiß, auch frei sein kann, dass nur der, der über genügend Informationen verfügt, Kontrolle über sein Leben besitzt. Daher haben Sie Angst davor, nicht genügend zu wissen, und noch größere davor, dass andere mehr wissen als Sie – und Sie in den Schatten stellen könnten. Deshalb versuchen Sie, immer auf dem neuesten Stand zu sein, immer die aktuellsten Informationen zur Verfügung zu haben. Es beunruhigt Sie, festzustellen, dass sich die Informationslandschaft immer schneller entwickelt, immer neue Medien zur Informationsspeicherung und -gewinnung auf den Markt kommen. Kaum haben Sie sich zum Meister der Internetsuchmaschinen entwickelt, locken schon die nächsten phantastischen Möglichkeiten des World Wide Web. Blogosphäre, Voicemail, Newsletter – das sind die Zauberworte, die Ihnen jeden Tag den Impuls geben, sich immer weiter zu bilden. Bei vielen Menschen Ihres Typs biegen sich die Regalbretter unter den Büchern und stapeln sich die Zeitschriften und Zeitungen zu hohen Türmen.

Doch haben Sie wirklich jedes Buch gelesen? Am Anfang haben Sie sich vielleicht noch Mühe gegeben, doch jetzt kommen Sie selbst nach einem Kurs in Schnelllesen kaum noch hinterher, die Regalmeter abzuarbeiten.

Selbst wenn Sie für ein bestimmtes Thema oder Sachgebiet zum Experten geworden sind, ruhen Sie sich nicht aus. Die Konkurrenz schläft schließlich nicht und lauert nur darauf, Ihnen einen Fehler nachzuweisen oder zu belegen, dass Sie sich nicht ausreichend informiert haben. Aber nicht nur die Kritik der Kollegen lässt Sie nicht zur Ruhe kommen, sondern auch der eigene Zweifel: Weiß ich schon genug? Ist nicht das, was ich heute sage, in Wirklichkeit morgen schon Schnee von gestern? Zufriedenheit will sich nicht einstellen, denn Ihr innerer Skeptiker wird nicht müde, Ihnen jede Wissenslücke unter die Nase zu reiben.

Das Gerangel um Wissen und Erkenntnis macht Sie anfällig für das Prestige, das von Titeln, Diplomen und Zertifikaten ausgeht. Diese verleihen zumindest so etwas wie den Schein von Sicherheit in einer sich immer schneller entwickelnden Informationsgesellschaft. Auch wenn Sie im Innersten zutiefst davon überzeugt sind, dass Auszeichnungen nichts über die Qualität des Wissens aussagen, merken Sie, dass Ihre Worte an Gewicht gewinnen, je mehr Urkunden Sie erwerben.

Manchmal fragen Sie sich eher, wie Sie Ihr Wissen am wirkungsvollsten verpacken können, und weniger, ob Sie hinter dem, was Sie sagen, auch stehen. Kein Wunder, denn wenn die Lebenszeit knapp ist, darf es keinen Stillstand geben, kein Verweilen und Vertiefen, kein Verinnerlichen und Hinterfragen. Außerdem ist die Information von heute schon morgen nur noch die Hälfte wert. Warum sich also damit aufhalten?

Auf eine Meinung festgelegt zu werden, ist Ihnen ein Greuel. Manche Menschen Ihres Typs hören sogar irgendwann ganz auf, eine eigene Meinung zu vertreten, und werden zum Fähnchen im Wind, weil ihnen soziale Akzeptanz wichtiger ist und sie mit ihren Ansichten und Erkenntnissen nirgends anecken wollen.

Und dann gibt es da noch die Angst vor der Endlichkeit des Daseins: Was ist, wenn ich sterbe, ohne das letzte Puzzlestück gefunden zu haben? Was, wenn ich den Sinn des Lebens nicht finde, der mich wie ein leuchtendes Versprechen in die Zukunft begleitet? Werde ich noch genügend Zeit haben, den Stein der Weisen zu finden?

Das Alter wird zu einer massiven Bedrohung für Sie, denn alt zu werden, bedeutet, aus der Informationsgesellschaft ausgeschlossen zu sein. Das heißt, die Informationsquellen, die Ihnen so wichtig sind, nicht mehr nutzen zu können, weil Sie mit den technischen Entwicklungen einfach nicht mehr Schritt halten können. Die Konzentration lässt nach und auch die geistige Beweglichkeit. Verunsicherung macht sich breit: Kann ich die Sprache des Wissens noch verstehen und die immer komplexer werdenden Zusammenhänge noch begreifen? Es ist die Furcht, mitsamt dem Wissen, das Sie im Laufe Ihres Lebens angesammelt haben, zu veralten. Am Ende ist Ihr Wissen überholt und nichts mehr wert.

Wie Zeit zu Leben wird

Lebenslanges Lernen – so füllt sich die Lebenszeit der Menschen dieses Typs fast wie von selbst. Noch ein Diplom, noch eine Fortbildung, noch ein Abonnement, noch eine Dokumentation, über alles und jedes Bescheid wissen, überall und immer informiert sein. Sie sind die perfekte Zielgruppe für das Informationszeitalter, aber auch das perfekte Opfer für den Druck, der sich dadurch aufbaut, dass Informationen für ein kostbares und knappes Gut gehalten werden, um das wir kämpfen müssen und für das wir immer ausgeklügeltere Technologien benötigen. Der Stress der Menschen, denen Kommunikation ein wichtiges Bedürfnis in ihrem Leben ist, entsteht durch den Eindruck, dass Wissen schneller veraltet, als es verarbeitet werden kann. Dadurch verlieren Sie eines Ihrer wichtigsten Ziele aus den Augen: die Suche nach dem Sinn im Leben, die große Vision, unter der sich das Leben zusammenfassen lässt und als Einheit erkennbar wird.

Zeit wird zu Leben, wenn Sie sich wieder daran erinnern, dass Wissen um seiner selbst willen ohne Bedeutung ist. Erst durch Sie, durch Ihre Persönlichkeit werden Informationen zu etwas, das die Welt verändern kann. Wenn Sie nur eine Durchgangsstation für den Informationsverkehr sind, tragen Sie nur wenig zum großen Ganzen bei. Vielleicht wissen Sie viel, aber können Sie mit Ihrem Wissen auch etwas zur Verbesserung der Welt beitragen? Möglicherweise haben Sie das Zeug dazu, in Quiz-Shows den Jackpot zu knacken, aber geht es Ihnen wirklich nur darum, andere mit Ihrem Wissen zu beeindrucken? Vielleicht haben Sie zahlreiche Diplome an der Wand hängen, aber leben Sie das Wissen auch, mit dem Sie sich angefüllt haben?

Es geht nicht darum, sich krampfhaft einen ethischen Rahmen zu stecken. Es geht vielmehr darum, sein Wissen mit dem Herzen zu verbinden: Wissen nicht nur zu haben, sondern es zu leben. Die Menge der Informationen spielt dabei keine Rolle, sondern nur ob das, was Sie sagen, seinen Ursprung in dem findet, was Sie aus tiefster Überzeugung glauben.

Anstatt immer mehr Wissen anzuhäufen, schaffen Sie Raum, sich zu fragen, welchen Sinn das, was Sie wissen, für Sie selbst und für andere haben kann – und welchen Unterschied es macht, dass Sie über dieses Wissen verfügen und nicht ein anderer. Sobald Sie sich bewusst werden, dass Ihr Wissen in Ihnen und an Ihre Persönlichkeit gebunden ist, dass es so etwas wie ein »neutrales Wissen« nicht gibt, werden Sie weniger Zweifel verspüren und schneller mit dem zufrieden sein, was Sie wissen. Wenn Sie spüren, dass Ihr Wissen einzigartig und unersetzlich ist, werden Sie leichter zur Ruhe kommen. Die ununterbrochene »Such-bewegung« nach der immer neuesten Information wird gestoppt, weil Sie sich nicht mehr getrieben fühlen von der Angst, dass Ihr Wissen unzulänglich sein könnte.

Das macht Sie insgesamt unempfänglicher gegenüber den Verlockungen der Konsummaschinerie, die Ihr ver-meintliches Bedürfnis nach Informationen befriedigen möchte und Sie unter Druck setzt. Stellen Sie sich in die-sem Zusammenhang folgende Fragen:

- Woran merke ich, dass ich genug weiß?
- Woran erkenne ich, dass mich mein Wissen glücklicher macht?
- Was ist wirklich notwendig, um meinem Wunsch nach mehr Informationen zu entsprechen?

Wenn Sie Ihr Wissen mit Ihrer Persönlichkeit verknüpfen, werden Sie außerdem merken, wie sich Ihr Wissen immer mehr zu einer Rolle entwickelt hat, sich immer mehr wie eine Maske über Ihre wahre Persönlichkeit gelegt hat. Viel-leicht sind Sie zum Experten geworden, und am Anfang hat es Ihnen Freude bereitet, anderen Menschen mit Ihrem Wissen zu helfen, aber im Gegenzug sind Sie immer mehr auf diese Rolle festgelegt worden. Möglicherweise sehen die meisten Menschen nur noch diese eine Facette Ihres Lebens, die Ihnen einerseits zwar Anerkennung und Lob einbringt, auf der anderen Seite aber Ihre innere Vielfalt einschränkt. Die Rolle wird zum Gefängnis und bestimmt immer mehr das, worauf Sie Ihre Aufmerksamkeit rich-ten. Eigentlich wollten Sie aus dem Vollen schöpfen, nun aber sind Sie als Experte auf einer Einbahnstraße unter-wegs und keine Ausfahrt erlaubt Ihnen, sich anderweitig umzusehen und andere Interessen zu entwickeln. Dabei gäbe es noch so viel, das Sie gern entdecken, worauf Sie Ihren erkenntnishungrigen Geist konzentrieren möchten.

Rollen bedienen die Erwartungen anderer: Sie sind Lehrer oder Schüler, Mutter oder Kind, Kunde oder Verkäufer, Experte oder Ratsuchender, Arbeitgeber oder Arbeitnehmer, und in der Regel schlüpfen Sie mehrmals am Tag in eine andere Rolle, je nachdem, was die momentane Situation gerade erfordert. Anders ausgedrückt: Die Umwelt bedingt, welche Oberfläche Sie gerade zeigen. Wenn Sie Ihre Tochter vom Kindergarten abholen, sind Sie Vater beziehungsweise Mutter, wenn Sie Ihren Chef um eine Gehaltserhöhung bitten, werden Sie zum Arbeitnehmer, wenn Sie sich mit Ihrem Partner treffen, werden Sie zum/ zur Geliebten usw. Jede Rolle zeigt eine andere Facette Ihrer Persönlichkeit. Doch vielleicht haben Sie eines vergessen: Sie sind nicht Ihre Rollen.

Viele Menschen neigen dazu, ihre Rollen mit dem wahren Ich zu verwechseln. Das liegt daran, dass Rollen Kommunikation ermöglichen. Sie legen bestimmte Muster fest, entlang derer Austausch und Verständigung funktionieren.

Wenn Sie mit Ihrem Chef sprechen, wird sich dieses Gespräch sehr wahrscheinlich grundlegend von einem Gespräch mit Ihrem Ehemann unterscheiden, nicht nur inhaltlich, sondern auch in der Art und Weise, wie Sie aufeinander zugehen. Als Kommunikationstyp beherrschen Sie diesen Wechsel zwischen den Rollen und jedes Mal, wenn Sie sich in einer unbekannten Situation befinden, wird es Ihnen kaum Mühe bereiten, sich eine neue Rolle maßzuschneidern. Doch wer sind Sie wirklich hinter all diesen verschiedenen Oberflächen, die im Grunde nichts anderes sind als Schnappschüsse Ihrer Persönlichkeit in unterschiedlichen Situationen?

Wabi Sabi bedeutet für Sie, sich hinter all den Masken wieder selbst zu spüren. Es bedeutet zu merken, dass Sie nicht Ihre Rollen sind, sondern dass diese nur eine Funktion erfüllen. Wenn Sie sich dessen bewusst werden, sind Ihre unterschiedlichen Rollen nichts anderes als Werkzeuge, über die Sie verfügen. Stellen Sie sich eine große Verkleidungskiste vor, wie sie viele von uns als Kinder hatten, oder einen Kostümfundus, wie es ihn in Theatern gibt. In dieser Kiste oder diesem Fundus bewahren Sie alle Rollen auf, und je nach Vorgabe des Stücks, aber auch nach Lust und Laune, greifen Sie hinein und holen sich das passende Kostüm heraus. Kleider machen Leute und jeder von uns hat schon erlebt, wie sich unser Verhalten und unsere Ausstrahlung ändern, wenn wir die entsprechende Kleidung tragen. Doch entscheidend ist, dass wir auswählen dürfen – und nicht von den Erwartungen unserer Umwelt und der Gesellschaft in ein bestimmtes Outfit gezwungen werden.

Wabi Sabi bedeutet also nicht, dass Sie Ihren Facettenreichtum hinsichtlich der Rollen, die Sie spielen, einschränken oder gar aufgeben sollen. Es bedeutet, dass Sie aus sich selbst heraus entscheiden, welche Seite Sie gerade zeigen wollen. Der Schlüssel dazu ist, dass Sie wissen, wie es sich anfühlt, komplett ohne Rolle durchs Leben zu gehen, bloß Sie selbst zu sein, ohne irgendwelchen Erwartungen entsprechen zu müssen. Wenn Sie die Anzahl der Augenblicke mehren können, in denen Sie spüren, dass Sie nicht Ihre Rollen sind, sondern über Ihre Rollen verfügen, dann wird Ihre Zeit zu Leben, denn dann bestimmen Sie, auf welche Weise Sie sich Ihrer Umwelt präsentieren. Folgende Fragen können dabei hilfreich sein:

- Welche »Kostüme« befinden sich in meinem Fundus?
- Woran erkenne ich, dass ich Freude daran habe, meine Kostüme zu wechseln?
- Welchen Unterschied macht es, wenn ich auf Kostüme verzichten kann?

Übung: Der Augenblick hat keine Bedeutung

Es fällt Menschen Ihres Typs schwer, etwas, das ihnen begegnet, nicht sofort mit Bedeutung zu belegen. Die Verlockung ist groß, eine Information gleich einzuordnen und zu bewerten. Schnell wird das eine als nützlich und spannend angesehen, während das andere als uninteressant abgestempelt und aus dem Bewusstseinsraum verdrängt wird. Natürlich ist es verständlich, dass Sie Ihre Aufmerksamkeit auf das richten, was Ihnen vielversprechend erscheint, doch wie können Sie wissen, ob es wirklich Ihre eigene Motivation ist, die Sie leitet? Wie sicher können Sie sein, dass Ihr Interesse nicht manipuliert wird?

Halten Sie für einen Moment inne, und lassen Sie Ihre Aufmerksamkeit durch Ihre Umgebung wandern. Suchen Sie zunächst nichts Bestimmtes, sondern versuchen Sie, wahllos Ihren Blick gleiten zu lassen. Sie können sich auch von Ihrem Gehör leiten lassen oder von Ihrem Geruchssinn. Erzwingen Sie nichts, sondern lassen Sie es einfach zu. Der richtige Moment für diese Übung ist dann gekommen, wenn Sie gerade Lust dazu haben.

Machen Sie sich für einen Moment bewusst, dass Sie der Mittelpunkt all Ihrer Wahrnehmungen sind. Alles, was Sie gerade wahrnehmen, befindet sich in Ihnen. Ihre Wahrnehmungen bündeln sich zu einer Einheit in der Mitte Ihres Bewusstseins. Sie können diesen Eindruck durch ein paar gleichmäßige und ruhige Atemzüge verstärken.

Beobachten Sie eine Weile, wie Ihr Auge (Ihr Ohr, Ihre Nase …) sich immer wieder von bestimmten Dingen und Situationen angezogen fühlt. Nehmen Sie dies einfach wahr, und lösen Sie sich gleich wieder davon. Lenken Sie Ihren Blick (Ihr Gehör, Ihren Geruchssinn …) stattdessen gezielt auf die »Zwischenräume«, auf die Dinge oder Situationen, über die Sie bisher hinweggesehen haben. Was entdecken Sie?

Schenken Sie einem Gegenstand oder einer Begebenheit, die Sie eigentlich nicht interessiert, Ihre ganze Aufmerksamkeit. Was bemerken Sie? Verändert sich Ihre Stimmung? Welche Empfindungen stellen sich ein? Bleiben Sie so lange bei diesen Empfindungen, wie Sie möchten. Um die Übung fortzusetzen, wenden Sie sich einem neuen Eindruck zu, und verfahren Sie in der gleichen Weise wie gerade beschrieben. Wollen Sie die Übung beenden, prüfen Sie, ob Sie ruhiger geworden sind und sich stärker in Ihrer Mitte fühlen.

Eine weitere einfache Übung, um das Bedeutungslose zu kultivieren, können Sie besonders gut während eines Spaziergangs machen: Versuchen Sie das nächste Mal, wenn Sie spazieren gehen, die Welt um sich herum mit ganz neuen Augen zu sehen. Tun Sie so, als würden Sie alles zum ersten Mal sehen. Betrachten Sie einen Gegenstand, und wenn Sie merken, dass der Impuls in Ihnen auftaucht, das betrachtete Objekt zu benennen, entscheiden Sie sich, ihm zu widerstehen. Lassen Sie ihn aufsteigen – und vorüberziehen. Übrig bleibt die reine Betrachtung ohne Bedeutung.

Sie können auch ein Spiel daraus machen und den Gegenständen und Situationen ganz spontan einen Namen geben. Beobachten Sie, welche Unterschiede sich ergeben, wenn Sie der Welt willkürliche Bedeutungen zuweisen.

In Situationen, in denen Sie das Gefühl haben, nicht Ihr volles Potenzial zeigen zu können, weil Sie sich in eine bestimmte Rolle gedrängt fühlen, kann die folgende Übung nützlich sein. Am besten, Sie probieren sie zunächst aus, indem Sie sich an einen entsprechenden Vorfall erinnern – vielleicht eine Konfliktsituation mit Ihrem Chef oder einem Ihrer Angestellten, eine Auseinandersetzung mit Ihrem Partner oder Ihrer Partnerin, ein Gespräch, bei dem es Ihnen nicht gelungen ist, Ihre Absichten verständlich zu machen oder Ähnliches. Je plastischer die Erinnerung an das Ereignis ist, umso besser.

Stellen Sie sich vor, die Rolle, mit der Ihr Gegenüber Sie gerade identifiziert, wäre ein transparenter Schleier, der sich zwischen Ihnen und Ihrem Gegenüber spannt. Dieser Schleier wirkt wie ein Filter und verhindert, dass Sie als Mensch in Ihrer Gesamtheit wahrgenommen werden. Und nun stellen Sie sich für einen Augenblick vor, welche Facetten Ihrer Persönlichkeit Ihr Gegenüber durch den Schleier zu sehen bekommt. Versuchen Sie nachzuempfinden, wie diese reduzierte Wahrnehmung Ihrer Person das Verhalten des anderen beeinflusst und ihn zu bestimmten Reaktionen verleitet.

Malen Sie sich im Anschluss daran aus, wie Sie den Schleier langsam zur Seite schieben – und Ihre wahre Persönlichkeit zum Vorschein kommt. Wie verändern sich Ihre Empfindungen? Welchen Unterschied kann Ihr Gegenüber jetzt bei Ihnen feststellen? Wie verändert sich sein Verhalten?

Wenn Sie diese Übung immer wieder trainieren, werden Sie feststellen, dass sie auch in ganz akuten Situationen funktioniert. Gelassenheit stellt sich ein, und die Lage entspannt sich. Sie haben nicht mehr das Gefühl, den Anforderungen Ihrer Umwelt um jeden Preis gerecht werden zu müssen, sondern Sie sind frei, sich so zu geben, wie Sie sind. Sie werden das, was Sie tun, gut tun.

Übung: Meine Rollen und Kostüme

Werfen wir einen Blick auf die verschiedenen Rollen, die Sie in den verschiedenen Kontexten Ihres Lebens einnehmen.

Schritt 1 – meine Stärken: Bitte schreiben Sie spontan Ihre zehn wichtigsten Fähigkeiten auf. Was können Sie richtig gut? Was gelingt Ihnen mühelos?

....
....
....
....
....
....
....
....
....
....

Schritt 2 – meine Rollen: Welche Rollen nehmen Sie in Ihrem Leben ein? Bitte notieren Sie auch hier zehn der für Sie wichtigsten Rollen. Tragen Sie diese in eine Skizze ein, in deren Mitte Sie Ihren Namen schreiben, und gruppieren Sie dann die Rollen im Kreis um Ihren Namen herum. Verbinden Sie Ihre Rollen mit dem Namen im Mittelpunkt durch eine Linie. Werden Sie sich bewusst: Das sind alles Sie – nur in unterschiedlichen Kontexten. Beispiele für Rollen sind:

• familiäre Rollen: Kind, Bruder/Schwester, Ehepartner, Mutter/Vater, Großmutter/Großvater, Tante/Onkel,

Schwiegermutter/Schwiegervater, Cousine/Cousin, Enkelin/Enkel, Schwägerin/Schwager ...
- Rollen in der Arbeitswelt: Mitarbeiter/Mitarbeiterin, Kollege/Kollegin, Chef/Chefin, Arbeitssuchender/Arbeitssuchende, Geschäftspartner/Geschäftspartnerin ...
- andere Bereiche: Freund/Freundin, Rollen bei verschiedenen Hobbys, Reisende/Reisender ...

Schritt 3 – die Bedeutung meiner Rollen: Versetzen Sie sich nacheinander in die einzelnen Rollen, und beantworten Sie folgende Fragen:
- Was ist Ihnen in Ihren verschiedenen Rollen jeweils wirklich wichtig?
- Wie zufrieden sind Sie in den jeweiligen Rollen? Geben Sie sich eine »Note« zwischen 1 und 10, wobei 1 »völlig unzufrieden« und 10 »absolut zufrieden« bedeutet.
- Was wäre anders, wenn Sie diese Rolle wirklich für Sie und alle Beteiligten zufriedenstellend ausfüllen könnten?
- Welche der in Schritt 1 genannten Fähigkeiten können Sie in der jeweiligen Rolle zum Ausdruck bringen? In welcher Rolle kommen Ihre Stärken am wenigsten zum Ausdruck, in welcher am besten?

Nehmen Sie sich einen Augenblick Zeit, und betrachten Sie die Zeichnung in Ruhe. Dann überlegen Sie:
- Wenn Sie sich in die jeweilige Rolle hineinversetzen, woran würden Sie merken, dass Sie bei 10 angekommen sind? Was wäre anders?
- Was können Sie als Nächstes unternehmen, um in einer der Rollen näher an die 10 zu gelangen?
- Welche Ihrer Fähigkeiten und Fertigkeiten können Sie dabei einsetzen, um die Rolle noch interessanter und lebenswerter zu machen?

Typ 4 – Leben ist Berufung

Als Mensch dieses Zeit-Typs spüren Sie ganz deutlich den Auftrag, sich mit Ihrer ganzen Persönlichkeit in die Gesellschaft einzubringen. Für Sie dreht sich alles um die zentrale Frage: Wie kann ich meine Talente, meine Begabungen und meine Fähigkeiten einsetzen, um damit dem größeren Ganzen zu dienen? Das, was Sie tun, soll im Rahmen gesellschaftlicher Strukturen Bedeutung erlangen. Lebenssinn hat für Sie viel damit zu tun, ob Sie sich aktiv an der Gestaltung der Gesellschaft beteiligen und soziale Verantwortung übernehmen können. Sie hat immer schon der Gedanke motiviert, etwas aus sich zu machen und sich durch Leistung und aktive Teilnahme am öffentlichen Leben zu profilieren. Beruf und Karriere sind für Sie zentrale Werte, und Sie sind auch bereit, Ihr Privatleben zu opfern, wenn es darum geht, für die höheren Werte, der Gemeinschaft, der Sie sich verpflichtet fühlen, einzutreten.

Mit Regeln, Normen und Konventionen kommen Sie gut zurecht, denn Sie sind überzeugt, dass eine Gemeinschaft einen gewissen Ordnungsrahmen benötigt, um funktionieren zu können. Damit einher geht auch der Anspruch, die eigene Individualität im Zweifel den Anforderungen des großen Ganzen unterzuordnen. Die Bereitschaft, sich selbst zurückzunehmen und die eigenen Bedürfnisse zugunsten gemeinsamer Ziele zurückzustecken, halten Sie für eine der wichtigsten Tugenden, die das Funktionieren der Gesellschaft aufrechterhalten.

Natürlich erleben auch Sie, dass diese Notwendigkeit zur Einschränkung der Individualität nicht immer einfach ist. Aber Sie erachten es gerade deshalb als Zeichen von Integrität und persönlicher Stärke, wenn es gelingt, den eigenen Egoismus zu durchbrechen und sich für das Wohl der Gesamtheit zu entscheiden. Sie bewundern Menschen, denen dies gelingt und die gezeigt haben, dass durch die Ein- und Unterordnung in ein System aus Regeln und Gesetzen das Beste im Menschen zum Vorschein kommen kann. In diesem Sinne verstehen Sie Kreativität nicht als den frei fluktuierenden Wunsch nach Entfaltung Ihrer Persönlichkeit, sondern als Absicht, das, was Ihnen das Leben an Begabungen geschenkt hat, der Welt in Form von aktiver Teilnahme zurückzugeben. Kreativität braucht etwas, auf das sie sich bezieht, und das kann in Ihren Augen nur ein gesellschaftlicher Auftrag sein, der über die engen Grenzen der eigenen Persönlichkeit hinausgeht.

> Es ist Ihr großer Lebenswunsch, einen sinnvollen und wertvollen Beitrag in dieser Welt zu leisten – man könnte auch sagen: Sie wollen »nicht umsonst gelebt haben«. Selbstbeschränkung ist für Sie eine Selbstverständlichkeit.

Das Thema Ordnung hat in Ihrem Leben Vorrang. Geordnete Abläufe, Regeln und das Einhalten von Absprachen halten Sie für unabdingbar, um sich nicht auf dem Weg, den ein bedeutsames und erfolgreiches Leben kennzeichnet, zu verlaufen. Sie setzen klare Prioritäten und sind auch bereit, Ihre Gefühle diesen unterzuordnen. Das fällt Ihnen manchmal nicht leicht, aber mit jedem Sieg über sich selbst, fühlen Sie sich stärker. Sie sind überzeugt davon, dass der Weg ans Ziel steinig sein muss, denn nur dann bietet er Ihnen auch die Gelegenheit, sich zu verbessern und als Persönlichkeit zu reifen.

Wenn Leben zu Zeit wird

Immer wieder stellen Sie sich die Frage: Habe ich noch alles im Griff? Genüge ich meinen eigenen Ansprüchen?

Arbeite ich auch effizient auf meine Ziele hin? Insgeheim beschleicht Sie die Angst, nicht genug zu leisten, und damit die Angst, dass Ihr sozialer Aufstieg schneller zu Ende sein könnte, als Ihnen lieb ist. Es beunruhigt Sie, dass Leistung an sich in der heutigen Zeit nicht ausreicht, um diesen Aufstieg abzusichern: Sie hören von gescheiterten Existenzen arbeitswilliger Menschen, die trotz des Aufschwungs dem Ziel der Renditeoptimierung zum Opfer fallen. Hartz IV, Rentenkollaps und Altersarmut zeigen Ihnen, dass es nicht allein in Ihrer Macht liegt, ob Sie Ihr Ziel, ein aktives und anerkanntes Mitglied der Gesellschaft zu sein, erreichen werden. Wille und Fleiß allein scheinen keine Garantie mehr für eine Zukunft zu sein, wie Sie sie sich vorstellen. Ihre Reaktion: Sie strengen sich noch mehr an, wollen noch mehr leisten und schränken sich noch mehr ein. Vielleicht glauben Sie, so die Wahrscheinlichkeit des sozialen Abstiegs selbst in unsicheren Zeiten wie diesen so gering wie möglich halten zu können.

Was Sie hingegen beruhigt, ist, immer zu wissen, was zu tun ist. Ein gut gepflegter Terminplaner zeigt Ihnen, dass Ihr Leben noch in Ordnung ist und Sie etwas wert sind. Sie bemühen sich, Ihre Zeit noch besser zu nutzen, noch effizienter zu sein – und sich noch weniger von Stimmungen und Gefühlen leiten zu lassen, denn das könnte Ihnen als Schwäche ausgelegt werden.

Die perfekte Organisation, danach streben Sie. Im reibungslosen Ablauf Ihrer Erledigungen im Takt der Uhr sehen Sie den Schlüssel zum Erfolg. Verantwortung zu übernehmen ist für Sie kein Problem – im Gegenteil, Sie betrachten es als Kennzeichen sozialen Aufstiegs, wenn man Ihnen immer mehr Aufgaben anvertraut. Vielleicht glauben Sie sogar, dass erst die Schwere der Bürde Sie zu einem geachteten und geschätzten Menschen macht. Ein innerer Antreiber flüstert Ihnen stets ins Ohr, dass nur durch Leistung Zuneigung gewonnen werden kann und dass sich Anerkennung und Status im Grad des Beschäftigtseins widerspiegeln. Ihr Leben ist zu Zeit geworden, zu Zeit, die Sie nie haben und die Sie mit immer ausgeklügelteren Zeitmanagementmethoden in den Griff zu bekommen versuchen.

Eine Pause einzulegen ist für Sie gleichbedeutend mit Stillstand. Und Stillstand ist ein Merkmal des Versagens, denn Ihre Devise lautet: Wachstum. Immerzu fragen Sie sich, ob Sie die Zeit optimal nutzen, und das machen Sie am Ende des Tages daran fest, ob unterm Strich ein Plus auf Ihrem Konto zu verbuchen ist – mehr Geld, mehr Ansehen, mehr Sicherheit, mehr Popularität, mehr Kontakte. Die To-do-Liste ist Ihr bester Freund, denn sie zeigt Ihnen schwarz auf weiß, dass Sie nützlich gewesen sind. Jedes Häkchen, das Sie hinter eine Aufgabe setzen können, ist ein Beleg dafür, dass Sie noch im Rennen sind.

Solange alles seinen gewohnten Gang geht, haben Sie kaum Anlass zur Sorge, doch die Unwägbarkeiten des Lebens lauern überall. Das Außerplanmäßige, das Überraschende wird zur konstanten Bedrohung, gegen die es sich zu schützen gilt – und gegen die Sie doch keine Chance haben.

Doch anstatt sich genau an diesen brüchigen Stellen zu fragen, ob nicht die gesamte Strategie überdacht werden müsste, erliegen Sie möglicherweise der Versuchung, dem Druck mit einer Erhöhung des Drucks zu begegnen. Schließlich könnte eine Änderung Ihrer Strategie als Versagen interpretiert wird, und niemand, am allerwenigsten Sie selbst, soll von Ihnen sagen können, dass Sie die Dinge nicht unter Kontrolle hätten.

155

Die Falle, in die Sie als Mensch, für den Berufung der wichtigste Lebenswunsch ist, gern tappen, ist der Glaube, dass die Götter vor Ruhe und Gelassenheit den Schweiß gesetzt haben. Spiel, Spaß und Freude – das muss man sich erst verdienen.

Natürlich würden auch Sie gern Ihr Leben am Strand unter Palmen verbringen und den lieben Gott einen guten Mann sein lassen, doch das müssen Sie sich eben erst verdienen. So vertrösten Sie sich von einem Tag auf den anderen, von einem Lebensjahr auf das nächste. Den wohlverdienten Ruhestand wollen Sie erst antreten, wenn Sie es sich leisten können. Vor allen Dingen möchten Sie ihn dann auch genießen können. Doch wie wollen Sie etwas genießen, wenn Sie nicht sicher sein können, auch das Ziel Ihres Lebens erreicht zu haben? Es bedrückt Sie, dass Ihre Lebenszeit begrenzt ist und dass es keine Garantie geben kann, dass Sie am Ende Ihrer Tage auch wirklich an einem Punkt angekommen sein werden, an dem Sie von sich sagen können: Ich habe alles erreicht, was in meiner Macht steht, ich habe mich selbst verwirklicht.

Vor dem Altwerden fürchten Sie sich schon allein deshalb, weil Sie nicht wissen, ob Sie dann noch körperlich in der Lage sein werden, die gewohnte Leistung zu erbringen. Doch schwerer noch wiegt der Verdacht, dann zum alten Eisen zu gehören und am sozialen Leben nicht mehr aktiv teilnehmen zu können. Während die Lebenszeit dahinschmilzt, wächst die Furcht, wertvolle Zeit zu vertrödeln. Vielleicht trösten Sie sich damit, dass Sie sich dann das, was Sie sich jetzt versagen, in vollen Zügen genießen werden. Doch anstatt dass die Vorfreude auf den Lebensabend zunimmt, wächst die Unruhe, nicht mehr genügend Zeit zu haben, all Ihre Ziele zu verwirklichen – und am Ende die Berufung zu verfehlen.

Wie Zeit zu Leben wird

Auch wenn Ihnen die vorangegangene Beschreibung Ihres Typs an manchen Stellen stark zugespitzt erscheinen mag, so trifft sie doch den Kern der Ängste, die einen Menschen bewegen, für den die Verwirklichung seiner Berufung im Leben einen hohen, wenn nicht sogar den höchsten Wert darstellt. Für Sie wird die Zeit, in der Sie etwas für Ihr soziales Vorankommen tun können, zum knappen Gut, und das Bedürfnis, Ihre Zeit sinnvoll zu nutzen, wird zu einem unstillbaren Verlangen nach noch mehr Planung, noch mehr Effizienz, noch mehr Leistung.

Dabei geht Ihnen genau das verloren, was Sie sich eigentlich wünschen: sich selbst zu verwirklichen, indem Sie das, was Sie als Gabe mit in diese Welt gebracht haben, der Gesellschaft in einem positiven und konstruktiven Sinne angedeihen lassen. Aus der Motivation des Berufenseins wird der Drang zur Karriere und die Jagd nach immer mehr Anerkennung. Das Ergebnis: Sie fühlen sich wie das weiße Kaninchen aus dem berühmten Kinderbuch »Alice im Wunderland« (siehe Seite 15).

> Wenn Sie aus der Dauerstressfalle herauskommen wollen,
> ist es zunächst einmal wichtig, die gute Absicht, die Sie verfolgen,
> zu betonen. Denn das, was Sie antreibt, ist letztlich der Glaube,
> dass es Ihnen – wie jedem Menschen – gegeben ist, durch die
> eigene Persönlichkeit die Welt, in der wir leben, zu verbessern
> und zu bereichern.

Sie sehen es als Grundpflicht des Menschen an, sich am Leben in der Gesellschaft zu beteiligen und sich nicht nur um die eigenen Belange zu kümmern. Genau diese soziale Ader ist es, die hinter all Ihren Bemühungen steckt. Sie glauben, nur dann nützlich zu sein, wenn Sie ein höheres

Ziel verfolgen als die Befriedigung egoistischer Bedürfnisse. Diese an sich edlen Gründe werden zur Falle, wenn Sie dem Diktat der Lebenszeit unterworfen werden.

In Wirklichkeit geht es Ihnen um etwas anderes. Sie wollen Ihr Innerstes nach außen kehren, das, was in Ihnen als Potenzial schlummert, hervorbringen und in den Lauf der Welt einfließen lassen. Doch wie gut können Sie sich auf das besinnen, was Sie wirklich wollen, wenn Sie keine ruhige Minute mehr haben, um in sich hineinzuspüren? Gern würden Sie Ihre nächsten Schritte innerlich abgleichen und überprüfen, ob sie noch mit dem übereinstimmen, was Ihnen am Herzen liegt. Doch Sie fühlen sich von den Umständen gedrängt, zu beweisen, dass Sie ein vollwertiges und nützliches Mitglied dieser Gesellschaft sind. Sie glauben, dass, wenn Sie alle Ihre To-do-Listen, Ihre Zielvorgaben und Ihre Termine abgearbeitet haben, schon noch genügend Zeit übrigbleiben wird, um sich auf sich selbst zu besinnen. Vielleicht haben Sie sich diese Mußestunden sogar in Ihren Kalender eingetragen – nur um festzustellen, dass sich dieser Wunsch nach Rückzug nicht planen lässt wie ein Bewerbungsgespräch, sondern dass er zu Ihrem Wesen gehört. In sich hineinzuspüren, in seine innere Mitte zurückzukommen – das ist nicht nur ein weiterer Punkt, den es zu erledigen gilt, sondern die Quelle, aus der Sie Ihre Kraft schöpfen, um erfolgreich zu sein, etwas, ohne das Sie nicht leben können.

Das Wabi-Sabi-Verständnis von Zeit ist dem Ihren diametral entgegengesetzt. Es betont die Qualität des Augenblicks, während Sie dazu neigen, Ihr Leben als eine Verkettung von Zeitpunkten wahrzunehmen. Dabei tragen Sie genau dieses Grundempfinden in sich: Kein anderer Typ hat grundsätzlich einen so einfachen und leichten Zugang zu der Einsicht, dass Zeit etwas Relatives ist und das

Leben sich in einem ununterbrochenen Fluss befindet. Doch im Laufe Ihres Lebens haben Sie den Eindruck gewonnen, dass ein Leben nach der inneren Uhr schlechter bewertet wird als ein Leben nach der Stechuhr. Genau das ist Ihr innerer Konflikt – Sie sehnen sich so sehr nach einem Leben im Einklang mit sich selbst, und spüren zugleich, dass die Welt, in die Sie hineingeboren wurden, dieses Leben nicht honoriert. Aber ein Leben abseits der Welt, ohne aktive Teilnahme am gesellschaftlichen Leben und ohne Gestaltungsmöglichkeiten, kommt für Sie nicht in Frage. Ohne Berufung fehlt Ihnen etwas Wesentliches im Leben.

Wabi Sabi verkörpert einen Lebensstil, der diesen Konflikt auflöst, denn Leben ist kein Ziel mehr, das wir erreichen, wenn wir alle Verpflichtungen erfolgreich erledigt haben, sondern das, was jetzt ist – jeder Augenblick unseres Daseins ist Leben.

Leben ist vergänglich, und weil es vergänglich ist, können wir uns nichts vornehmen. John Lennon soll einmal gesagt haben: »Leben ist das, was passiert, während du dabei bist, andere Pläne zu schmieden.« Pläne geben uns für einen Moment das Gefühl, unser Leben im Griff zu haben. Sie richten unser Handeln aus und motivieren uns. Wir schmieden einen Plan, und dann machen wir uns ans Werk – so stellen wir uns das zumindest vor. Gerade Menschen wie Sie, die etwas erreichen wollen, neigen dazu, viele Pläne zu machen, um dann das Leben entlang diesen Vorgaben zu strukturieren. Und verwechseln dabei den Plan mit dem Leben selbst.

Wabi Sabi bringt das Leben wieder zurück, denn es gibt dem Leben wieder eine Chance, sich so zu zeigen, wie es gerade ist – ohne Ziel und ohne Absicht. Um zu prüfen, wie viel Leben in Ihrer Zeit steckt, können Sie sich folgende Fragen stellen:

- Woran merke ich, dass ich mich im Einklang mit meiner Berufung befinde?
- Woran erkenne ich, dass das, was ich gerade tue, auch in einem übergeordneten Rahmen sinnvoll ist?
- Was brauche ich wirklich, um zu spüren, dass ich eine Lebensaufgabe habe?

Übung: Den Augenblick fühlen

Woher komme ich, wohin gehe ich? Diese Frage bewegt Menschen wie Sie, für die Selbstverwirklichung und das Leben der Berufung zum Lebensinhalt geworden ist. Dabei gehen Ihnen die Momente verloren, in denen Sie Kraft aus der Gegenwart schöpfen können – Kraft, die Sie brauchen, um sich so zu entwickeln, wie es Ihren Begabungen und Potenzialen entspricht. Diese Übung hilft Ihnen, den lebendigen Augenblick zu spüren und zu fühlen, wie Sie ohne Wenn und Aber in eben jenes Leben eingebettet sind, das sich abspielt, während Sie gerade Pläne schmieden.

Halten Sie für einen Moment inne, und schließen Sie die Augen. Konzentrieren Sie sich auf Ihren Atem. Beobachten Sie, wie sich mit jedem Einatmen Ihr Brustkorb ausdehnt und mit jedem Ausatmen wieder zusammensinkt – ohne jede Anstrengung. Überlassen Sie sich dem Atem so, wie er gerade fließt – mal tiefer, mal schneller, mal gleichmäßiger, aber immer gegenwärtig. Versuchen Sie jedoch nichts zu erzwingen. Der richtige Moment für diese Übung ist dann gekommen, wenn Sie Lust dazu haben.

Spüren Sie nun, wie Ihr Herz in Ihrer Brust schlägt. Spüren Sie nur dem Schlagen dieses Organs nach, das ohne Unterlass und ohne Aufforderung Blut durch Ihren Körper pumpt. Genießen Sie es für einige Augenblicke, sich Ihrem Herzschlag anzuvertrauen.

Öffnen Sie nach einer Weile die Augen, während Ihre Aufmerksamkeit bei Ihrem Herzschlag bleibt. Nehmen Sie das Leben um sich herum wahr. Was passiert gerade? Was nehmen Sie wahr? Betrachten Sie einfach, ohne sich die Frage zu stellen, warum es passiert oder wozu.

Achten Sie auf die Veränderungen in Ihrer Umgebung, und seien sie noch so geringfügig. Beobachten Sie, wie sie kommen und gehen, wie Situationen entstehen und wieder vergehen, während Sie auf Ihren Herzschlag achten.

Tauchen Gefühle auf? Stimmungen? Erinnerungen? Innere Bilder? Lassen Sie sie vorüberziehen wie Wolken am Himmel, die ihre Gestalt verändern und sich schließlich auflösen. Halten Sie sie nicht auf, sondern genießen Sie, während Sie Ihrem Herzschlag nachspüren.

Bleiben Sie so lange in diesem Zustand der Verbundenheit mit den Veränderungen in Ihnen und in Ihrer Umgebung, wie Sie möchten. Speichern Sie die Ruhe und Gelassenheit, die sich in Ihnen einstellt, indem Sie innerlich laut sagen: »Ich lebe.«

Übung: Mein Beitrag zur Welt

Was ist Ihr Beitrag zu dieser Welt, was macht Sie unverzichtbar? Je bewusster Sie sich darüber werden, umso weniger laufen Sie Gefahr, es anderen immer recht machen zu müssen. Je genauer Sie wissen, wo Ihre Stärken liegen, umso besser können Sie sich in die Gesellschaft einbringen. Diese werden oft auch »Kernkompetenzen« genannt und umschreiben unsere zentralen Fähigkeiten und Fertigkeiten, die uns im Leben gegeben sind oder sich im Laufe unseres Lebens herausgebildet haben.

161

Stellen Sie sich für einen Augenblick folgendem Gedanken: Angenommen, Sie wären in diese Welt gerufen worden, weil Sie die Antwort auf ein Bedürfnis der Welt sind. Welches Bedürfnis könnte das sein? Woran wird die Welt reicher, einfach weil Sie in ihr leben? Was zeichnet Sie als einzigartig aus? Folgende Fragen können Ihnen helfen, sich diesem Gedanken zu nähern:

- Was beherrsche ich besonders gut? Was mache ich besonders gern?
- Welche Fähigkeiten habe ich bis zu einer gewissen Vollkommenheit ausgebildet? Worauf bin ich stolz?
- Welche Fähigkeiten kommen privat, im Job, in der Partnerschaft, in der Familie, im Sport oder in einem anderen Bereich besonders zum Tragen?

Stellen Sie sich vor, die im Folgenden aufgezählten Personen würden jeweils drei Stärken von Ihnen definieren. Was, glauben Sie, würden sie sagen?

Ihre Eltern:
....
....
....

Ihr Partner:
....
....
....

Ihre Kinder (soweit vorhanden):
....
....
....

Ihr Chef:

....

....

....

Ein guter Freund/eine gute Freundin:

....

....

....

Ein Arbeitskollege:

....

....

....

Eine Person, die Sie überhaupt nicht mögen:

....

....

....

Sie selbst in einem kraftvollen Zustand:

....

....

....

Eine Person, die Ihnen jetzt gerade spontan einfällt:

....

....

....

Warum lohnt es sich, Sie als Freund zu haben?

....

....

Typ 5 – Leben ist Handlung

Kein anderer Zeit-Typ ist sich so bewusst, dass er der Welt etwas Einzigartiges zu geben hat, wie der Handlungstyp. In Ihrem Herzen schlägt die Gewissheit, zu etwas ganz Besonderem berufen zu sein. Folgerichtig richten Sie Ihre ganze Energie darauf, Ihren ganz eigenen Weg zu gehen und einen unverwechselbaren Lebensstil zu finden. Für Sie geht es weniger darum, eine bestimmte Geisteshaltung zu demonstrieren, als vielmehr durch Ihre Handlungen zu überzeugen. Sie sehnen sich danach, ganz konkrete Spuren in dieser Welt zu hinterlassen, ein Werk oder eine Tat, die von Ihrer Existenz kündet.

Dieser Wunsch ist mehr eine Sehnsucht als ein geplantes Vorhaben. Die Form, in der dies geschieht, ist letztlich unerheblich, aber das, was Sie hervorbringen, soll ein deutliches Zeichen setzen. Es ist Ihnen nicht so wichtig, was am Ende dabei herauskommt, Hauptsache, es ist ein Ausdruck Ihrer selbst und beeindruckt die Welt. Wichtiger als die Frage, ob Sie etwas Sinnvolles produzieren oder dabei die Bedürfnisse anderer berücksichtigen, ist Ihnen, Ihrer Individualität Ausdruck zu verleihen.

Nicht die Notwendigkeit, eine übergeordnete Lebensaufgabe zu erfüllen, reizt Sie, sondern ganz allein der Prozess, sich auszuleben – eine Sache von Anfang an mit Begeisterung und Leidenschaft zu tun und sich dabei voll und ganz dem schöpferischen Impuls hingeben zu können.

»Seid umschlungen, Millionen!«, so rufen Sie aus und starten in die Welt, um sich darin auszutoben. Überall sehen Sie Möglichkeiten, sich selbst zu verwirklichen, und entwickeln schnell Ideen, wie Sie sich und Ihre Persönlichkeit kreativ einbringen können. Genau das liegt Ihnen: der spielerische Umgang mit den Möglichkeiten, der schöpferische Kontakt zur Welt, der es Ihnen erlaubt, die Dinge entstehen zu lassen, ohne von Anfang an wissen zu müssen, was am Ende dabei herauskommt. In diesem Sinne sind Sie ein wahrer Lebenskünstler!

Ein wichtiger Motor in Ihrem Leben ist der Wunsch, unabhängig zu sein, denn nur dann sehen Sie sich in der Lage, sich Ihren Lebenswunsch zu erfüllen. Doch ganz ohne andere Menschen kommen auch Sie nicht aus. Wie jeder Künstler wollen Sie gesehen werden, wollen, dass Ihre Werke betrachtet und anerkannt werden. So ist Ihr Verhältnis zur Gesellschaft oft ein zwiespältiges, denn Sie brauchen das Publikum, wollen sich aber nur ungern verpflichtet fühlen. Sie wollen im Mittelpunkt stehen, aber nur ungern die Verantwortung tragen. In einer Gruppe Gleichgesinnter, in der jeder nach seiner Fasson selig werden kann und sich seinen individuellen Anlagen entsprechend ausleben darf, fühlen Sie sich am wohlsten. Wichtig ist dabei, dass Sie sich nicht gebunden fühlen, sondern Ihnen jederzeit der Weg offensteht, zu gehen, um wieder ganz an der Verwirklichung Ihrer eigenen Ziele zu arbeiten.

Diese Ziele sind nie in Stein gemeißelt, sondern können sehr wechselhaft sein, je nachdem, wie stark Sie sich emotional gefesselt fühlen. Das hängt zum großen Teil auch davon ab, wie sehr Sie mit dem, was Sie leisten, aus der Reihe tanzen und auffallen können.

Das trägt Ihnen hin und wieder den Ruf eines Außenseiters und Avantgardisten ein, was Ihnen nicht unrecht ist, denn Sie wollen alles sein – nur nicht mittelmäßig. Normal sein, das überlassen Sie den anderen. Sie beanspruchen für sich – insgeheim oder auch öffentlich –, von der Norm abzuweichen. Damit schaffen Sie sich den größtmöglichen Spielraum, um Ihre Kreativität auszuleben.

Wenn Leben zu Zeit wird

Menschen, die sich wie Sie gern von anderen abheben und das Besondere an sich betonen, verfügen grundsätzlich über ein gewisses Selbstbewusstsein, das ihnen von etwas leiser tretenden Zeitgenossen leicht als Eitelkeit und Selbstverliebtheit ausgelegt werden kann. Doch bei allem zur Schau gestellten Selbstvertrauen geht es Ihnen letztlich nur darum, nicht einer unter vielen zu sein. Sie wissen: Wer etwas Besonderes sein will, muss aus der Masse hervorstechen. Daher sind Sie für alles empfänglich, was Ihnen verspricht, nicht so zu sein wie die anderen. Individualität ist das Zauberwort, das Sie bewegt.

Sie wissen immer ganz genau, was angesagt ist und wo sich die Trendsetter treffen. Sie kennen die Kriterien, nach denen man entweder »in« oder »out« ist, ganz genau, wobei Sie jedoch manchmal selbst nicht so genau wissen, was von beidem Sie lieber sein möchten. Doch eines wissen Sie ganz genau: Sie möchten nicht so sein wie die breite Masse.

Auf der Suche nach dem, was Ihre Persönlichkeit noch einzigartiger und unverwechselbarer machen könnte, beginnt sich Ihr Leben immer mehr darum zu drehen, wie Sie Ihr Anderssein rechtfertigen können. Immer schwingt die Angst mit, morgen schon zu den Menschen von gestern zu gehören.

Egal in welchem Lebensbereich sich Ihr Bedürfnis nach Individualität ausdrückt, ob in Sachen Lifestyle, in Ihrem Beruf, in Ihren Beziehungen oder im Freundeskreis: Sie treibt die Angst, nicht genügend Freiraum zu besitzen, um kreativ auf die Welt einwirken zu können. Ihr persönliches Schreckgespenst: eines Tages aufzuwachen und nur mehr einer unter vielen zu sein. Um diesen Moment zu verhindern, schicken Sie sich an, jeden Tag zu etwas Besonderem zu machen. Kein Tag darf dem anderen gleichen, sondern braucht seine Highlights – und zwar ganz besonders solche, deren Ausgangs- und Mittelpunkt Sie selbst sind. Vielleicht glauben Sie: Je mehr Menschen mitbekommen, wie sehr Sie sich von allen anderen unterscheiden, umso eher können Sie den Abstieg in die Bedeutungslosigkeit aufhalten.

Überhaupt stehen Sie gern dort, wo sich die Strahlen der Scheinwerfer treffen. Sie sind gern das Zentrum des Geschehens, denn so stellen Sie sicher, dass man Sie nicht übergeht – und der Druck wächst, denn Ihr Publikum ist gnadenlos. Werden Sie auch morgen noch den Applaus bekommen, in dem Sie sich heute sonnen? Werden vielleicht andere kommen und Ihren einzigartigen Platz in Frage stellen? Das Publikum ist eine Diva, und ebenso launisch reagiert es. Wird man Sie auch morgen noch bewundern? Und was müssen Sie tun, um dies sicherzustellen? The show must go on.

So müssen Sie Tag für Tag versuchen, sich selbst zu übertreffen, um den Ansprüchen, die an Sie gestellt werden, gerecht zu werden. Denn nur wenn Sie diesen gerecht werden, steht Ihnen der Status zu, nach dem Sie sich sehnen. Und so wird Ihr Leben in den engen Rahmen der Zeit gesperrt, in der Sie immer wieder beweisen müssen, dass Sie originell, genial, witzig, aufregend, innovativ, erfinderisch, extraordinär, exotisch und revolutionär sind. Längst aber sind Sie nicht mehr Sie selbst, sondern Sie erfüllen nur noch das Anderssein als Pflichtprogramm.

Solange Sie noch jung sind, schaffen Sie es mit links, der Geschwindigkeit, die dieses Pflichtprogramm erfordert, nachzukommen. Doch das Altwerden bedroht Sie. Der Tod ist ein Gleichmacher. Er vernichtet alle Unterschiede, alles, worauf Sie im Laufe Ihres Lebens vielleicht stolz gewesen sind. Und je älter Sie werden, umso näher rückt dieser Moment, den Sie fürchten.

Ihre Angst vor dem Alter beruht auf der Angst, nicht mehr wahrgenommen zu werden, keine Rolle mehr zu spielen, nicht mehr der strahlende Mittelpunkt sein zu können, sondern zusammen mit all den anderen Alten abgeschoben und grundversorgt zu werden.

Sie fragen sich: Werde ich mit meiner Persönlichkeit bis dahin einen bleibenden Eindruck hinterlassen haben? Woran wird man sich erinnern? Was hinterlasse ich der Welt? Das Alter markiert einen Zustand, in dem Ihnen die Möglichkeiten, sich schöpferisch zu entfalten, immer mehr genommen scheinen. In der Jugend ist noch alles erlaubt, der Jugend verzeiht man alles, doch im Alter leiden Sie zunehmend an den immer höher werdenden Ansprüchen der Gesellschaft. Man wird Sie fragen, was Sie in Ihrem Leben geleistet haben, was Sie auf die Beine gestellt haben, welches Ihr individueller Beitrag zum gesellschaftlichen Leben gewesen ist. Was werden Sie antworten, wenn Sie feststellen, dass alles, was Sie von den anderen abhebt, was Ihre Individualität ausmacht, nichts weiter als Attribute sind, die Sie im Laufe der Zeit angesammelt haben? Was haben Sie außer Ihrem persönlichen Stil und der Zugehörigkeit zu irgendeiner Avantgarde des raffinierten Geschmacks zu bieten? Was haben Sie erreicht, außer dass man Sie für beneidenswert hält?

Spätestens an dieser Stelle wird Ihnen klar, dass Sie nur noch in ein »Mehr desselben« verfallen können oder sich ernsthaft fragen müssen: Bin ich tatsächlich noch das, was ich da demonstriere? Ursprünglich sind Sie angetreten, sich schöpferisch in der Welt zu entfalten. Sie wollten die

Welt prägen, ihr Ihren unverwechselbaren Stempel auf-
drücken. Doch stattdessen haben Sie begonnen, Trophäen
zu sammeln, die Ihren besonderen Status belegen sollen.
Sie wollten nicht mit den üblichen Maßstäben gemessen
werden und jetzt ertappen Sie sich dabei, dass da nichts
Eigenes ist, dass Sie zu einer Kopie dessen geworden sind,
was Sie im Grunde Ihres Herzens eigentlich sind.

Wie Zeit zu Leben wird

Wahrscheinlich konnten Sie bei der Lektüre der vorange-
henden Seiten gut spüren, worauf es bei Ihrem Typ ankommt: auf den Unterschied zwischen Anderssein und
Besonderssein. Anderssein beschränkt sich darauf, ununterbrochen den Gegenkurs zu fahren, immer genau das
nicht zu sein, was die anderen sind. Die größte Angst besteht darin, festgelegt zu werden und dann nicht mehr frei
entscheiden zu können. Standpunkte werden immer in
Abhängigkeit davon ausgewählt, ob sie sich auch ausreichend von dem abgrenzen, was die Mehrheit meint. Ex-
klusivität ersetzt Originalität, denn nun ist nicht mehr entscheidend, was Sie selbst an Ideen einbringen, sondern ob
diese Ideen sich vom Mainstream abheben.

Auf diese Weise wird es natürlich schwierig, verbindlich
zu sein, und Menschen wie Sie, die dem Muster des An-
derssein-Müssens folgen, neigen dazu, so wenig Verantwortung wie möglich auf sich zu nehmen, um nicht festgelegt zu werden.

Je mehr Sie versuchen, Ihre Freiheit abzusichern, indem Sie anders
sind als die anderen, umso mehr erreichen Sie das genaue Gegen-
teil. Sie werden immer abhängiger von dem, was Ihre Umwelt als
Vorlage liefert, nur um dann das Gegenteil davon zu sein.

In diesem Bemühen verlieren Sie den Kontakt zu dem, was Sie wirklich wollen, und beginnen, sich mit Attributen zu umgeben, die Ihre Teilhabe am Besonderen belegen sollen – ohne selbst besonders zu sein.

Mit Besonderssein ist nicht der Versuch gemeint, auf Teufel komm raus anders als alle anderen zu sein, sondern das zu zeigen, was Sie zu einem einzigartigen Individuum macht – unabhängig davon, ob es für Furore sorgt oder nicht. Es geht nicht um die Show, sondern um Authentizität. Sie schöpfen aus Ihrer eigenen Mitte heraus Ideen, die Sie dann aktiv in die Welt einbringen, und setzen damit Akzente. Nicht das, was Sie haben, steht im Mittelpunkt, nicht Ihr Stil, Ihre Auszeichnungen, Ihre Zugehörigkeit zu irgendeiner exklusiven Gruppe, nicht das, was Sie sich leisten können, sondern das, was Sie leisten. Ihre Kreativität wird zu Ihrem Aushängeschild, und Sie werden zur Avantgarde im besten Sinne, denn das, was Sie erschaffen, ist einzigartig und verändert die Welt. Manchmal sind es nur kleine Veränderungen, die Sie bewirken können, aber immer sind sie Ausdruck Ihrer Individualität, immer spiegelt sich in ihnen das Original, das Sie sind.

Wenn Sie Ihrer Zeit mehr Leben geben, wenn aus Lebenszeit Zeit zu leben wird, dann besteht keine Notwendigkeit mehr, andere zu beeindrucken. Status, Prestige, Vermögen – das alles hat an sich keinen Wert mehr. Vor allen Dingen aber fällt der Druck von Ihnen ab, immer etwas tun zu müssen, um jemand zu werden. Sie können ganz einfach der sein, der Sie sind. Es bedarf keiner Bestätigung von außen mehr, die Sie sich erst verdienen müssen. Die Anerkennung kommt dann von ganz allein und ist Ansporn, noch mehr von dem zu zeigen, was in Ihnen steckt.

Sie können einen wichtigen Schritt in diese Richtung gehen, indem Sie die Angst davor verlieren, zu scheitern.

Denn das ist der Hintergrund wahrer Freiheit. Wenn das, was Sie tun, Ausdruck Ihrer Persönlichkeit ist, dann ist es unerheblich, ob Sie damit gut oder schlecht ankommen, ob Sie Erfolg haben oder scheitern. Sie machen sich frei vom Wankelmut der Umwelt und erkennen, dass Ihre Handlungen von Ihnen ausgehen, so wie die Strahlen von der Sonne. Diese Handlungen treffen auf die Welt und verändern sie. Sie können nicht wissen, welche Veränderungen Sie hervorrufen werden – ob Sie damit »ankommen« werden oder nicht –, aber Sie wissen, dass Sie es gewesen sind, der dieses Licht in die Welt hinausgeschickt hat. Mit diesem Bewusstsein entsteht eine andere Perspektive des Themas Verantwortung, vor dem Sie sich gedrückt haben, solange es darum ging, anders zu sein. Jetzt haben Sie keine Scheu mehr davor, hinter Ihren Taten zu stehen, denn Sie können hinter sich selbst stehen. Sie wissen, dass Sie das, was Sie tun, aus ganzem Herzen tun, und dass es die einzige und damit einzigartige Weise ist, in der Sie die Dinge tun können. Wenn Sie sich entschieden haben, besonders und nicht anders zu sein, ist jeder Schritt, den Sie gehen, ein richtiger Schritt, weil niemand Sie bewerten kann. Es gibt nur noch einen einzigen Maßstab, an dem Sie sich messen: Wächst in mir das Leiden oder die Freude und Zufriedenheit? Wächst die Ruhe oder die Unruhe?

Wabi Sabi in Ihrem Leben bedeutet, dass Sie wissen: Individualität ist nichts, was ich anstreben muss, worum ich im Zweifel mit anderen kämpfen muss, sondern etwas, das ich bereits besitze. Ich brauche keine Individualität – ich bin individuell.

Folgende Fragen können Ihnen helfen, sich wieder daran zu erinnern, dass Sie das, was Sie glauben erreichen zu müssen, bereits in sich tragen:

- Was ist das Individuelle an mir? Welche Merkmale, Kennzeichen, Eigenschaften zeigen mir, dass ich individuell bin? Was müsste ich weglassen, damit diese Eigenschaften noch deutlicher sichtbar werden?
- Woran erkenne ich, dass das, was ich gerade tue, mein Gefühl, ein einzigartiges Individuum zu sein, steigert? Welche Situationen kenne ich, in denen mir dies auf ganz einfache und natürliche Weise bereits gelungen ist? Wie habe ich das damals gemacht?
- Was brauche ich, um das, was mich besonders macht, besser zeigen zu können? Was muss ich in meinem Leben verändern, damit ich ganz einfach meine individuellen Fähigkeiten zeigen und zum Einsatz bringen kann?
- Was kann ich künftig weglassen, weil es mich eigentlich nur unter Druck setzt, immer anders sein zu müssen, und mich davon abhält, das Besondere in mir selbst zu finden?

Übung: In der Mitte des Augenblicks

Diese Übung hilft Ihnen, einen Augenblick zu schaffen, in dem Sie das Wabi Sabi des Lebens besser spüren. Sie erfahren, dass Sie zu jeder Zeit der Mittelpunkt Ihrer Welt sein können, ganz mühelos und wie selbstverständlich, wenn Sie sich auf Ihre innere Mitte als Quelle Ihrer Individualität besinnen.

Halten Sie für einen Moment inne, und spüren Sie Ihrem Atem nach. Beobachten Sie, wie die Luft der Außenwelt beim Einatmen in Sie einströmt und beim Ausatmen Ihren Körper wieder verlässt. Mit Ihrem Atem sind Sie zu jeder Zeit mit der Welt verbunden. Lassen Sie dieses Gefühl einige Atemzüge auf sich wirken. Versuchen Sie jedoch nichts zu erzwingen, sondern lassen Sie es einfach zu. Der richtige Moment für diese Übung ist dann gekommen, wenn Sie gerade Lust dazu haben. Gönnen Sie sich einige bewusste tiefe Atemzüge.

Lassen Sie Ihren Blick nun über Ihre Umwelt schweifen, während Sie über den Atem mit ihr verbunden bleiben. Versuchen Sie dies ohne Absicht zu tun, lassen Sie einfach Ihre Aufmerksamkeit treiben, und achten Sie dabei auf Ihren Atem, das Einatmen und Ausatmen.

Verstärken Sie jetzt bei jedem Einatmen das Gefühl der Verbundenheit mit der Welt. Worauf auch immer gerade Ihr Blick ruht, nehmen Sie den Eindruck bewusst mit dem Atem auf und spüren Sie für einen Augenblick in sich nach: Was bewirkt dieser Eindruck in Ihnen? Welche Gefühle, Gedanken, Bilder tauchen auf? Was entsteht in Ihrer inneren Mitte, wenn Sie die Umwelt auf diese Weise über den Atem in sich aufnehmen?

Beim Ausatmen geben Sie den Eindruck wieder frei. Atmen Sie ihn samt der Gefühle, Gedanken und Bilder wieder aus und überlassen Sie ihn der Umwelt. Spüren Sie ihm wieder nach: Welchen Unterschied macht es in Ihnen, wenn Sie den Eindruck wieder loslassen? Welche Veränderungen werden in Ihrer inneren Mitte spürbar? Bleiben Sie so lange bei diesen Empfindungen, wie Sie möchten.

Sie können mit der Übung fortfahren, indem Sie sich einem neuen Eindruck aus Ihrer Umgebung zuwenden und mit ihm ebenso verfahren. Wollen Sie die Übung beenden, prüfen Sie, ob Sie ruhiger geworden sind und sich stärker in Ihrer Mitte fühlen.

Wenn Sie eine gewisse Sicherheit bei dieser Übung gewonnen haben, können Sie sie auch auf abstrakte Eindrücke, wie beispielsweise Mitteilungen, die Sie erhalten, oder Informationen, die Sie präsentiert bekommen, ausweiten. Wenn Sie zum Beispiel einen Satz hören beziehungsweise lesen oder Ihnen eine interessante Situation begegnet, dann verwandeln Sie den Zeitpunkt in einen Augenblick. Nehmen Sie das, was Sie wahrnehmen, bewusst über Ihren Atem in sich auf, und fragen Sie sich: Macht mich das, was ich aufnehme, ruhiger? Steigert das, was mir gerade begegnet, meine innere Zufriedenheit? Kann ich damit in meiner Mitte bleiben?

Typ 6 – Leben ist Vertrauen

Als Angehöriger dieses Typs sehnen Sie sich nach einem Platz in dieser Welt, an dem Sie sich aufgehoben fühlen. Sie suchen nach einem Rahmen, der Ihnen zeigt, wohin Sie gehören. Sie möchten gern das Gefühl haben, eingefügt zu sein in das, was Sie umgibt, ohne anzuecken, ohne Reibungsverluste – alles soll passen. Sie haben daher ein gutes Gespür dafür, wie Ihre Umwelt beschaffen ist, und können gut abschätzen, wie Sie mit ihr zurechtkommen. Sie kennen Ihre Grenzen, wissen, was Sie brauchen und womit Sie Schwierigkeiten haben.

Aber Sie sind auch bereit, diese Grenzen auszudehnen und zu erweitern, wenn Sie sich einen Vorteil davon versprechen. Es ist für Sie in der Regel kein Problem, sich verändernden Bedingungen anzupassen.

Es ist Ihnen nicht so wichtig, ob andere Sie für etwas Besonderes halten oder ob Sie mit Ihrer Persönlichkeit im Mittelpunkt stehen. Sie suchen vielmehr das optimale Gefüge, in dem Ihre Fähigkeiten und Talente zum Ausdruck kommen können.

Je besser Ihre Persönlichkeit sich in die Umwelt einfügt, umso wohler fühlen Sie sich in Ihrer Haut. Sollten sich die Umstände ändern, zeigen Sie eine erstaunliche Wandlungsfähigkeit: Sie erspüren sofort, worauf es ankommt, können sich gut darauf einstellen und sind bereit, die eigene Persönlichkeit daran anzupassen, wobei dies eher ein Prozess des Eingehens auf die Umweltbedingungen ist. Damit ist gemeint, dass Sie die Umweltbedingungen akzeptieren, aber immer prüfen, wo Ihr ganz individueller Platz darin sein kann. Dabei entdecken Sie immer wieder neue Fähigkeiten an sich beziehungsweise verbessern bereits vorhandene. Anders ausgedrückt: In Ihrer hohe Anpassungsbereitschaft liegt auch Ihr Potenzial zur Persönlichkeitsentwicklung. Das ist wichtig zu verstehen, denn von außen betrachtet erscheinen Sie oft als ein Mensch, der sich lieber in eine Situation fügt, als sich gegen sie auflehnt. Andere mögen dies als Tendenz zur Unterwerfung deuten, in Wirklichkeit aber ist es die Gabe, zur rechten Zeit am richtigen Ort zu sein und das Richtige zu tun. Für Sie gibt es keinen falschen Zeitpunkt oder widrige Umstände, sondern stets nur die Frage: Bin ich für die Dinge, die da kommen, gerüstet? Erfolg oder Misserfolg ist für Sie eine Frage der Vorbereitung, nicht der Bedingungen.

Sich einordnen, im Zweifelsfall auch unterordnen zu können, ist eine Ihrer wichtigsten Tugenden, mit denen Sie sehr weit kommen können. Sie spüren, was in der Luft liegt, und haben ein gute Nase dafür, was machbar ist und was nicht. Zu Recht bezeichnet man Sie auch als einen Menschen, der sich eher von Vernunftgründen leiten lässt als von Träumereien.

Es fällt Ihnen leicht, eine Sache mit kritischem Verstand zu hinterfragen, um herauszufinden, was wirklich dahintersteckt – und ob es sich lohnt, sich weiter damit auseinanderzusetzen, denn Ihr Pragmatismus ist legendär. Was nicht in irgendeiner Form für Ihr Fortkommen von Nutzen ist, dem misstrauen Sie. Schön ist für Sie, was nützlich ist.

Doch es wäre verkehrt, Sie als Opportunisten zu bezeichnen, denn bei all Ihren Überlegungen und Erwägungen haben Sie stets auch das Wohl der anderen im Auge. Wie kaum ein anderer Typ haben Sie ein Gespür für die Bedürfnisse Ihrer Umwelt. Sie können gewissermaßen anderen die Wünsche von den Augen ablesen.

Ihr Streben nach reibungslosem Eingebundensein in die Welt führt auch dazu, dass Sie sich um die Bedürfnisse Ihrer Mitmenschen sorgen, denn nur wenn es allen in Ihrer Umgebung gut geht, kann es auch Ihnen gut gehen. Darum sind Sie schnell besorgt, wenn Sie Missstimmungen wahrnehmen. Eigentlich sind Sie immer in Alarmbereitschaft, immer bereit, das Schlimmste zu befürchten. Da Sie um diese Unwägbarkeiten des Lebens wissen, aber nicht mit ihnen leben wollen, haben Sie immer einen Plan B im Hinterkopf, der zum Einsatz kommen kann, wenn alle Stricke reißen. So fühlen Sie sich sicher. In der Regel aber versuchen Sie, zuerst beschwichtigend und harmonisierend auf Ihre Umwelt einzuwirken, um einen einmal erreichten positiven Stand der Dinge nicht zu gefährden.

Ordnung ist Ihnen sehr wichtig. Aber es geht weniger um eine bestimmte Struktur, auf die Sie hinstreben, als um das Gefühl, dass alles seinen Platz hat. Diese Ordnung kann variieren, und zwar je nach Anforderungen des Moments. Ordnung heißt: Ich weiß, wo ich hingehöre, ich weiß, was ich zu tun habe, ich kenne meine Funktion im großen Ganzen und fülle sie nach bestem Wissen und Gewissen aus. Es ist Ihnen wichtig zu wissen, wo in Ihrem Leben oben und unten, links und rechts, vorn und hinten ist. Sie wollen sich optimal in die Welt eingebunden wissen und das Gefühl haben, genau dort zu sein, wo Sie hingehören. Dieses Eingebundensein gibt Ihnen das Gefühl, dem Leben vertrauen zu können.

Wenn Leben zu Zeit wird

Vertrauen ist einer der wichtigsten Werte im Leben eines Menschen Ihres Typs. Vertrauen heißt für Sie in erster Linie Verlässlichkeit: Ich kann mich darauf verlassen, dass sich die Dinge an ihrem Platz befinden, so, wie ich mich darauf verlassen kann, dass, wenn ich morgens aufstehe, meine Dinge des alltäglichen Lebens sich immer noch an dem Platz befinden, an den ich sie am Vorabend gestellt habe. Doch was, wenn ich eines Morgens feststelle, dass die Zahnbürste nicht links vor dem Spiegel steht, sondern rechts? Das Überraschende, das Unerwartete betrachten Sie als Bedrohung, denn es erschüttert Ihr Vertrauen, bringt Zweifel und Unruhe in Ihr Leben.

> Alles, was den gleichmäßigen, gewohnten Lauf des Lebens verändert, irritiert Sie und kommt Ihnen wie eine Aufforderung vor, sich den Kräften des Chaos zu überantworten. Demgemäß stehen Sie allem Irrationalen eher skeptisch gegenüber und setzen diesem im Zweifelsfall die ganze Kraft Ihrer Vernunft entgegen. Häufiger aber werden Sie versuchen, es einfach zu ignorieren und Ihr Leben »weiter im Text« zu leben.

Anstatt dem Leben zuzugestehen, dass es auch Seiten besitzt, die Sie nicht in das Raster Ihrer Vernunft packen können, dass es voller Überraschungen, plötzlicher Wendungen, Wunder, Rätsel und Unvollkommenheiten ist, fühlen Sie sich herausgefordert, noch mehr für Ihre Absicherung gegen die Übergriffe des Chaos zu tun. Ihnen ist ein Fehler unterlaufen? Dann müssen Sie eben noch besser aufpassen! Sie sind zu einer Verabredung – unverschuldet – zu spät gekommen? Dann müssen Sie Ihr Zeitmanagement eben noch besser in den Griff bekommen! Weil ein Mitarbeiter seine Aufgabe nicht rechtzeitig erledigt hat, stehen

Sie in der Kritik? Dann machen Sie es eben das nächste Mal selbst! Zufall? Das ist für Sie nur ein anderer Name für die Konsequenzen einer fehlgeschlagenen Lebensplanung.

In dem Bemühen, dem Zufall keine Chance zu geben, wird Ihr Leben zur Zeit, und zwar zur Zeit, die keine unverplanten Momente mehr enthält. Denn Sie haben die Erfahrung gemacht, dass Phasen des Leerlaufs, die sich immer wieder ergeben, wenn man nicht aufpasst, riskant sind, Einlasspforten für das Unwägbare. Sie nennen es freilich »Zeitverschwendung«, denn eine Zeit, die nicht genutzt wird, ist überflüssig. Und so prüfen Sie jede Aktivität, ob in ihr nicht ein überflüssiger Zeitaufwand enthalten ist. Sie trennen klar das Wesentliche vom Unwesentlichen und versuchen, Zeit zu sparen, indem Sie das Irrelevante zum Feind erklären. Was nicht in irgendeiner Form einem von Ihnen anerkannten Zweck dient, muss vermieden werden. Dazu gehören Wartezeiten, Pausen, Wiederholungen, Zeiten, in denen Sie unterwegs sind – alles Varianten des unerwünschten Leerlaufs, in dem nichts Produktives und Kreatives geschieht.

Einige Menschen Ihres Typs favorisieren Kommunikationsformen, die mit Zeit ökonomisch umgehen. Dabei stehen E-Mail und SMS ganz oben. Die Nachricht wird auf das Wesentliche reduziert, und die Übermittlung erfolgt schneller als beim gesprochenen Wort. Warum lang und breit erklären, wie es einem geht, wenn der passende Smiley mehr sagt als tausend Worte? Auch wenn Sie nicht zu den technikbegeisterten Zeitgenossen gehören, ertappen Sie sich vielleicht immer öfter dabei, dass Sie sich wünschen, Ihre Mitmenschen würden schneller auf den Punkt kommen. Oder Sie werden in zunehmendem Maße ungeduldiger, wenn Menschen sich Zeit lassen, während Sie dieselbe Tätigkeit in der Hälfte der Zeit erledigt hätten.

Sie fürchten den Stillstand und noch mehr als diesen die damit verbundene Langeweile. Innezuhalten und zu betrachten, was sich gerade zeigt, ohne dass sich in irgendeiner Form ein Nutzen damit verbinden ließe – das macht Sie unruhig. Nichtstun, Muße, Warten, das hat keinen Wert für Sie, es hält Sie nur auf. Pausen sind nichts Erquickendes, Wartezeiten keine Gelegenheiten zur Reflexion, sondern nur lästige Verzögerungen, die Sie aus dem Takt bringen. Die größte Herausforderung aber ist die Frage: Wie kann ich mich gegen das Mysterium des Menschseins absichern, wie kann ich dem Tod begegnen, jener Unbekannten in der Gleichung des menschlichen Lebens, die sich nicht berechnen lässt?

Das Altern als ein Prozess, der auf den Tod zusteuert, bedroht Sie in Ihrem Verständnis von einer Zeit, die Sie völlig im Griff haben, in der sich nichts abspielt, das nicht in irgendeiner Weise den Zielen, die Sie sich gesteckt haben, zuträglich ist.

Vielleicht gehören Sie zu den Menschen, die sich gegen jede Eventualität, die ein Zeichen des Verfalls sein könnte, abzusichern versuchen. Eine ganze Industrie ist mittlerweile rund um diese Ängste entstanden, die uns glauben machen will, mit dieser oder jener Versicherung seien wir gegen den Zufall gewappnet, der uns jederzeit und überall begegnen kann.

Ob Hausrat- oder Unfallversicherung, ob Versicherung gegen Unwetter, Blitzschlag, Hagel, Feuer, Lebens- und Rentenversicherung, Krankenzusatzversicherung und Rechtsschutz – gegen alles, was das Leben durcheinander bringen könnte, ist eine entsprechende Versicherungspolice gewachsen. Am Ende versichern wir unser Leben gegen das Leben selbst, denn ist nicht gerade das Unwägbare, die

Rhythmusstörung im monotonen Taktschlag ein Kennzeichen des Lebens? Können wir wirklich auf das Leben so vorbereitet sein, dass es uns nichts anhaben kann? Gleicht nicht die Vermeidung jeglichen Risikos dem Versuch, das Leben selbst auszuklammern?

Wie Zeit zu Leben wird

Was ist der Unterschied zwischen dem gleichmäßigen Ticktack einer Uhr und dem Rhythmus einer Melodie? Rhythmus entsteht durch Unterschiede in der Geschwindigkeit, durch Wechsel im Tempo, durch den Wechsel von Betonungen, durch Abweichungen vom Gleichmaß. Wabi Sabi sagt, dass das Leben in den Brüchen und Unregelmäßigkeiten der Welt sichtbar wird, denn Leben ist Rhythmus. Es fließt nicht gleichmäßig entlang der Zeitlinie von A nach B, sondern wird spürbar in den Unterschieden und der Vielfalt, die es in die Welt bringt. Betrachten Sie einen Wald. Woran erkennen Sie, dass hier Leben herrscht? Weil hier kein Baum dem anderen gleicht und ununterbrochen etwas in Bewegung ist. Alles entfaltet sich in seiner eigenen Zeit, es gibt keinen Taktschlag, dem alle Teile des Waldes folgen, sondern es ist eine Symphonie aus verschiedenen Rhythmen, die mal gegeneinanderspielen, dann wieder miteinander.

Auch wenn wir es nicht wahrnehmen, weil unsere Sinne nicht fein genug dafür sind, so finden doch überall und ununterbrochen Veränderungen statt, die niemand koordiniert, niemand kontrolliert. Alles geschieht von ganz allein in einer unaufhörlichen, wechselseitigen Anpassung an die Prozesse. Und obwohl niemand diese Symphonie dirigiert, passt alles ganz wunderbar zusammen. Leben ergibt sich, das ist die Botschaft von Wabi Sabi.

Wabi Sabi heißt, dem Fluss des Lebens vertrauen und nicht versuchen, den Fluss zu planen. Es betrachtet das Leben als den fortwährenden Anpassungsprozess zwischen Kraft und Form, in dem auch Überraschungen auftauchen und sich unerwartete Brüche ergeben, die wiederum zu neuen Anpassungsprozessen führen.

Wabi Sabi kultiviert diese Abweichungen von der Norm, denn sie zeigen uns, dass das Leben immer größer ist als alle unsere Bemühungen, es im Griff zu haben. Und ist das nicht eine beruhigende Perspektive, dass wir uns nicht um alles kümmern können? Befreit es uns nicht vom Drang nach Perfektion, wenn wir annehmen, dass die Dinge sich von selbst auf ihre bestmögliche Weise ergeben werden?

»Wer weiß, wozu es gut ist!«, dieser Satz sollte für Mensch Ihres Typs zum Mantra Ihres Lebens werden, damit Zeit wieder zu Leben wird. Vertrauen Sie darauf, dass das Leben Ihnen selbst offenbaren wird, wozu Ihnen dies oder jenes geschieht, statt bereits im Vorfeld wissen zu wollen, ob etwas nützlich ist oder nicht, wichtig oder unwichtig, gut oder schlecht. Machen Sie sich frei von allen Bewertungen, und beobachten Sie einfach neugierig, was passiert. Die Wartezeit, die sich plötzlich ergibt, weil sich der Zug verspätet, die unfreiwillige Pause, die sich in Ihrem Terminplan auftut, weil ein Meeting geplatzt ist, das Telefonat, das Sie außerplanmäßig angenommen haben – das alles sind nun nicht mehr Ärgernisse, verbunden mit der Angst, den Anschluss an den Zeitplan zu verlieren, sondern Ereignisse in sich, die ihren eigenen Wert besitzen. Um diesen Eigenwert zu erleben, ist es wichtig, sich aus dem Takt bringen zu lassen, den Zeitpunkt zu einem Augenblick zu machen, ihm Raum zu geben. Nutzen Sie Ihre Sinne, und richten Sie die Wahrnehmung auf das, was gerade ist. Bleiben Sie neugierig, und erwarten Sie nichts. Vertrauen Sie auf den Augenblick. Er gibt Ihnen eine bessere Orientierung als jeder Organizer. Dem Augenblick zu vertrauen heißt, dem Leben zu vertrauen.

Folgende Fragen können Ihnen helfen, dem Wabi Sabi eines Augenblicks mehr Kraft zu geben:

- Woran erkenne ich, dass ich dem Leben vertrauen kann? Welche Empfindungen stellen sich bei mir ein, wenn ich merke, dass ich dem Leben vertrauen kann?
- Wie fühlt es sich an, wenn ich dem Leerlauf nicht ausweiche, sondern ihn bewusst zulasse? Welche eigene Qualität haben Pausen, Wiederholungen, Langeweile? Was erfahre ich über mich selbst, wenn ich diesen Leerlauf zulasse?
- Welche Art und Weise der Orientierung im Leben gibt mir der Augenblick selbst? Woran erkenne ich, dass ich diese Orientierung zulassen kann? Welche Perspektiven öffnen sich mir, wenn ich dem Augenblick vertraue?

Übung: Mein Platz in der Welt

Um herauszufinden, welcher Ihr Platz in der Welt ist, brauchen Sie keinen Platzanweiser! Sie können es ganz leicht selbst herausfinden, indem Sie sich dafür sensibilisieren, was Ihnen guttut und was nicht. Jeder Platz hat klar umrissene Grenzen und diese gilt es, auszuloten und an Ihre eigenen Bedürfnisse anzupassen: Wo beginne ich, wo die anderen? Wie viel Raum möchte ich einnehmen, wie viel Raum gestehe ich anderen zu?

Manchmal ist es nötig, im Rahmen dieses Prozesses nein zu sagen, und zwar ganz bewusst. Ein Nein zieht eine klare Grenze und macht spürbar, was Sie wollen. Die folgende Übung trainiert Sie darin, dieses bewusste Nein-Sagen als kraftvolle Erfahrung zu erleben. Weil es dabei um die Abgrenzung des eigenen Raums von anderen geht, benötigen Sie zur Durchführung dieser Übung einen Partner.

Zu Beginn stellen Sie sich bitte so hin, dass Sie und Ihr Übungspartner sich anschauen. Nun zieht einer von Ihnen eine Grenze: Nehmen Sie einen Gegenstand (einen Stift, ein Lineal, ein Seil oder Ähnliches), und ziehen Sie damit Ihre persönliche Grenze, indem Sie den Gegenstand zwischen sich und Ihren Partner auf den Boden legen. Nun geht es darum, dass Ihr Partner bewusst eine »Grenzüberschreitung« vornimmt, das heißt über Ihre selbstgesteckte Grenze in Ihre Sphäre tritt.

Schritt 1 – Innehalten und Wahrnehmen: Bei diesem Schritt geht es darum, sich zu spüren und die eigenen Körpersignale wahrzunehmen. Nehmen Sie sich dafür ausreichend Zeit, und achten Sie auf alle Gefühle, Stimmungen, Reaktionen und Gedanken, die diese Grenzüberschreitung bei Ihnen hervorruft: Wie fühlt es sich an? Ist Ihnen irgendwas unangenehm? Was genau ist es? Der direkte Blickkontakt, die körperliche Nähe oder etwas anderes? Wo können Sie es bei sich orten? Ist es ein Gefühl? Eine Körperreaktion? Und wenn ja: Wo reagiert Ihr Körper? Ist es anfangs weniger unangenehm, und wird es von Minute zu Minute unangenehmer? Erinnert Sie das, was Sie gerade erleben, an eine Situation oder einen Menschen aus Ihrem Leben? Lassen Sie ein paar Minuten vergehen, ohne etwas zu verändern.

Schritt 2 – Entscheidung zum Nein: Sie werden Ihre eigene Sphäre niemals verteidigen können, wenn Sie sich nicht vorher innerlich klar abgegrenzt haben. Das heißt, bevor Sie nicht innerlich eine persönliche Grenzlinie gezogen haben, werden andere für Sie diese Grenze definieren – und dabei auf Ihre Bedürfnisse keine Rücksicht nehmen. Werden Sie sich also klar darüber, wie weit der andere gehen darf, und sagen Sie deutlich »nein«, sobald er diese Grenze überschreitet.

Schritt 3 – eine klare und deutliche Abgrenzung: Machen Sie Ihrem Übungspartner deutlich, dass Sie ihn jetzt – und nur jetzt, in diesem Augenblick – nicht so nah bei sich haben wollen, dass er aus Ihrer Sphäre hinaustreten soll! Versuchen Sie es zunächst auf Ihre gewohnte Art und Weise, und wenn das nicht funktioniert, experimentieren Sie – mit nonverbalen Zeichen, mit klaren Worten oder auch mit Gesten. Probieren Sie alles aus, bis Ihr Gegenüber sich zurückzieht.

Für Ihren Partner ist es wichtig, dass er Ihre Zeichen bewusst wahrnimmt und ebenfalls in sich hineinspürt. Er sollte Ihre Sphäre erst dann verlassen, wenn es sich für ihn »stimmig« anfühlt, wenn er das Gefühl hat, dass er jetzt wirklich gehen sollte. Anschließend können Sie natürlich die Rollen wechseln.

Zum Abschluss der Übung beantworten Sie bitte folgende Fragen:

- Was ist Ihnen leichtergefallen: sich abzugrenzen oder die Grenze zu überschreiten?
- Wann hat die Abgrenzung geklappt? Wann waren Sie für den anderen glaubwürdig? Was genau hat den Unterschied ausgemacht (detaillierte Beobachtungen)?
- Gibt es Situationen in Ihrem Alltag, die Sie an die gerade gemachten Erfahrungen erinnern?
- Wenn ja: Was können Sie aus der Übung in den Alltag mitnehmen? Was hilft Ihnen, sich zukünftig besser abzugrenzen?
- Gibt es einen Zusammenhang zwischen den gemachten Erfahrungen und Ihrem Bedürfnis nach einem klar abgegrenzten Platz in der Welt?

In ihrem Buch »Reise zum Lebensziel«, auf dessen Grundlage die vorangegangene Typologie entstanden ist, schreibt Brigitte Hamann: »Wir sind immer auf dem Weg zum Ziel. Wir können gar nicht anders. Mit unserer Geburt betreten wir unsere individuelle Lebenslandschaft, in der wir auf unsere Weise, fröhlich oder traurig, aktiv gestaltend oder passiv erlebend, wandern. Der Weg, den wir darin zurücklegen, ist nicht als Strecke zu verstehen, die bei ›A‹ beginnt und bei ›Z‹ endet, sondern als Pfad, der innerhalb dieser Landschaft verläuft. Unser Leben besteht darin, uns den Bedingungen, Herausforderungen und Chancen, die wir unterwegs antreffen, zu stellen. Unsere Lebenslandschaft bietet uns die Möglichkeit, das, was wir in ihr vorfinden, aktiv zu nützen und zu gestalten. Während wir wandern, entdecken wir unterschiedliche Perspektiven.« Ich wünsche mir, dass Ihnen der Blick durch die Wabi-Sabi-Brille auf Ihren Eigenzeit-Typ eine solche neue Perspektive beschert hat und Ihnen noch deutlicher bewusst geworden ist, dass Sie es selbst in der Hand haben, Ihrem Leben mehr Wabi Sabi zu geben. Erobern Sie sich Ihre Eigenzeit zurück, indem Sie klarer sehen, worauf es in Ihrem Leben wirklich ankommt. Denn, so Brigitte Hamann: »Nur wenn wir das tun, wozu wir in der Tiefe unserer Seele berufen sind, berühren wir das wirkliche Leben.«

Das Wabi-Sabi-Zeitmanagement

Beim Zeitmanagement à la Wabi Sabi geht es nicht um die Steigerung der Effizienz, also nicht darum, wie Sie immer mehr in immer weniger Zeit bewerkstelligen können, sondern um das genaue Gegenteil: Am Ende sollen immer weniger Aufgaben Ihren Alltag pflastern, so dass Sie sich immer mehr auf das konzentrieren können, was Ihnen wirklich wichtig ist.

Es ist Ihre Entscheidung

Für die meisten Menschen ist die Frage, ob sie einen Auftrag annehmen oder einen Termin wahrnehmen, einzig und allein davon abhängig, ob an der entsprechenden Stelle im Kalender noch ein weißes Fleckchen übrig ist. Diese Art, mit Terminen zu verfahren, ist ein beredtes Zeugnis von unserem Umgang mit der Zeit als Menge, also als etwas, das irgendwann ausgeht – so, wie wir irgendwann »keine Zeit« mehr haben, wenn das letzte weiße Fleckchen aus dem Terminkalender getilgt ist.

Gerade wenn wir den Glaubenssatz vertreten, dass ein funktionierendes Mitglied der Gesellschaft sich den Aufgaben, die sich ihm stellen, nicht verschließen darf, neigen wir dazu, jede Aufgabe anzunehmen, ohne uns zu fragen: »Will ich das überhaupt?« Sie werden jetzt vielleicht einwenden, dass viele Dinge keine Angelegenheiten des Wollens sind, sondern des Müssens. Natürlich gibt es Dinge, die wir tun müssen, und damit meine ich nicht essen, trinken und schlafen, also die Erfüllung lebensnotwendiger Grundbedürfnisse. Manche Dinge müssen wir tun, weil wir uns dazu verpflichtet beziehungsweise »committet« haben, wie man heute auch gern sagt (wahrscheinlich, weil das nicht so nach preußischer Tugendhaftigkeit klingt, sondern nach einem bekennenden Engagement). Wenn wir also etwas müssen, dann steckt dahinter immer jemand, dem wir Rechenschaft schuldig sind für den Fall, dass wir es nicht tun. So müssen wir zum Beispiel unsere Steuererklärung machen oder eine Verabredung mit einer Freundin einhalten; wir müssen unsere Wäsche waschen und unsere Zähne putzen; wir müssen die Kinder von der Schule abholen und unserer Familie ein schmackhaftes Abendessen zubereiten usw.

Will ich oder muss ich?

Es ist klar, dass zwischen Müssen und Wollen Welten liegen können, aber es kann auch sein, dass beides sehr nah beieinanderliegt. So mag die Verabredung mit der Freundin zwar eine Verpflichtung bedeuten, aber andererseits treffen wir uns ja gern mit ihr. Ob wir an einer roten Ampel stehen bleiben möchten, ist eine andere Frage. Hier geht es eher darum, dass wir etwas tun müssen. weil wir uns sonst Ärger mit der Polizei einhandeln.

Die erste Frage, die Sie sich im Wabi-Sabi-Zeitmanagement also stellen, bevor Sie sich für eine Aufgabe engagieren, lautet: »Will ich oder muss ich?« Je nachdem, wie die Antwort auf diese Frage ausfällt, folgen weitere. Natürlich gibt es auch die Möglichkeit, zu sagen: »Keins von beidem – weder will ich noch muss ich.« Wenn das der Fall ist, ist die Sache erledigt, noch bevor sie überhaupt begonnen hat. Wenn Sie nicht wollen und nicht müssen, dann lassen Sie es einfach. Doch wie gesagt: Es ist gar nicht so leicht, zu einer solch klaren Aussage zu kommen. Bevor Sie also eine Aufgabe annehmen, sollten Sie sich angewöhnen, einen Moment innezuhalten, und sich fragen: »Will ich oder muss ich?« Stellen Sie sich diese Frage ruhig mehrmals, mindestens dreimal. Damit vertiefen Sie den Entscheidungsprozess.

Ja, ich will!

Nehmen wir an, Sie finden heraus, dass Sie die Aufgabe wirklich übernehmen beziehungsweise den Termin tatsächlich wahrnehmen wollen. Dann sollten Sie einen weiteren Moment innehalten und diese Antwort noch einmal hinterfragen: »Will ich?« Die Betonung liegt dabei auf dem Wort »ich«, und der zweite Teil der Frage lautet im Grunde »… oder jemand anders?«.

Dahinter verbirgt sich die Erkenntnis, die Sie aus der Betrachtung der verschiedenen Eigenzeit-Typen gewonnen haben, nämlich dass es für jeden Typ einen Punkt gibt, an dem er glaubt, etwas zu wollen, aber in Wirklichkeit nur Angst hat, zu kurz zu kommen. Es sind die »Fallen« der Eigenzeit-Typen, aufgrund derer Sie vermeintliche Bedürfnisse entwickeln, derer Erfüllung Sie aber wieder in eine Abhängigkeit von äußeren Gegebenheiten bringt.

Wenn der Beweggrund für ein »Ich will« aus diesen von außen hervorgerufenen Bedürfnissen resultiert, ist es nicht mehr Ihr Wollen, sondern das der anderen, genauer gesagt derer, die Sie über dieses Bedürfnis kontrollieren wollen.

Darum ist es wichtig, dass sich der Begegnungstyp fragt: »Will ich es – oder kann ich nur nicht allein sein?« Der Berufungstyp: »Will ich es – oder geht es mir lediglich darum, meine soziale Anerkennung nicht aufs Spiel zu setzen?« Der Handlungstyp: »Will ich es – oder möchte ich nur nicht eine weitere Gelegenheit verpassen, mich von der Masse abzuheben?«

Betrachten Sie jedes Angebot, jeden Auftrag, jede Ihnen anvertraute Aufgabe auch als möglichen Versuch, Sie über Ihre vermeintlichen Bedürfnisse zu »kriegen«, Sie abhängig zu machen. Gerade weil Sie im ersten Moment glauben, dass Sie es sind, der hier etwas will, ist dies Ihre Achillesferse. Also: Fragen Sie sich, bevor Sie einwilligen, wenigstens dreimal, ob Sie es wirklich wollen, und spüren Sie jedem noch so kleinen Verdacht nach, der Ihnen mitteilt, dass dem nicht so ist.

Wenn Sie merken, dass Sie in die Falle der konstruierten Bedürfnisse tappen, dann können Sie es jetzt wenigstens sehenden Auges tun. Damit haben Sie den ersten Schritt in die Richtung getan, sich dauerhaft von diesen Beeinflussungen zu befreien, denn Sie haben sich bewusst dazu entschieden, sich »kaufen« zu lassen. Sie können natürlich auch den anderen Weg gehen und an dieser Stelle aussteigen – und keine Zeit haben. Wenn sich aber nach intensiver Selbstprüfung herausstellen sollte, dass Sie es wirklich wollen, dann tun Sie es aus vollem Herzen: Machen Sie den Auftrag zu Ihrem Auftrag, die Aufgabe zu Ihrer Aufgabe, den Termin zu Ihrem Termin.

Ja, ich muss!

Etwas anders liegt der Fall, wenn Sie, aus welchen Gründen auch immer, einen Termin oder eine Aufgabe annehmen müssen. Sei es, weil Sie selbst die entsprechenden Bedingungen geschaffen haben, oder die Umstände, in denen Sie leben, es erfordern. Wenn Sie beispielsweise eine Familie gegründet haben, dann haben Sie die Bedingungen, aufgrund deren Sie bestimmte Dinge tun müssen, zum großen Teil selbst geschaffen, zum Beispiel für Ihre Kinder zu sorgen. Auch müssen Sie die Bedingungen des Staates, in dem Sie leben, akzeptieren, also die Gesetze und Spielregeln, denen jeder unterworfen ist, der in dieser sozialen Gemeinschaft leben will.

Und dennoch folgt aus einer Beantwortung der Frage mit »Ja, ich muss« noch nicht automatisch, dass zwingend Sie die Aufgabe übernehmen müssen. Vielleicht muss eine Sache erledigt werden – aber muss sie wirklich von Ihnen erledigt werden? Sie können sich also auch fragen: »Muss ich?«

Muss ich?

Damit berühren wir das heikle Thema, etwas zu delegieren. Viele Menschen haben Schwierigkeiten damit, eine Ihnen anvertraute Tätigkeit einem anderen Menschen zu überlassen – selbst wenn dieser es viel besser und schneller erledigen könnte. Denken Sie zum Beispiel an Ihre Steuererklärung, müssen Sie die wirklich selbst ausfüllen? Was ist mit der Hausarbeit, die Sie so lästig finden? Gibt es nicht jemanden, der das vielleicht sogar gern und sehr viel besser macht als Sie? Wenn es Sie stresst, die Kinder jeden Tag von der Schule abzuholen, warum nicht mit anderen Eltern die Aufgabe teilen? Oft denken wir, wir könnten uns das nicht leisten, wollen zum Beispiel kein Geld für eine

Haushaltshilfe ausgeben. Aber für wen oder was reservieren Sie das Geld, das Sie nicht ausgeben? Haben Sie Angst, dass Sie dann auch auf all die anderen schönen Dinge verzichten müssen, die Sie glauben besitzen zu müssen, um gesellschaftlich anerkannt zu sein oder um dem Ideal von Glück, wie es in der Werbung und in den Medien propagiert wird, zu entsprechen? Denken Sie daran: Weniger ist mehr – weniger Müssen heißt mehr Zeit zu leben.

Manchmal haben wir auch Angst vor dem, was unsere Mitmenschen sagen, wenn wir unseren Pflichten nicht nachkommen, sondern es uns gut gehen lassen. Und da ist es wieder, das puritanische Ideal, dass nur der Tüchtige ein Recht auf soziale Anerkennung hat. Nur der, der sich vor aller Augen abrackert und einen vollen Terminplaner vorweisen kann, verdient unseren Respekt. Aber wollen Sie diesen Respekt? Ist er es Ihnen wert, dafür auf ein Leben voller Augenblicke der Schönheit und der lebendigen Erfahrung zu verzichten? Weniger ist mehr – weniger Abhängigkeit von der Meinung und den Wertmaßstäben der anderen ist mehr Zeit zu leben.

> Wenn Sie auf Zeit zu leben verzichten, was haben Sie dann gewonnen? Es wird spürbar, dass Wabi Sabi uns zutiefst herausfordert, denn es verlangt eine Veränderung unserer Wertvorstellungen und eine Rückbesinnung auf das, was selbst am wichtigsten ist.

Wenn Sie das wollen, dann kommen Sie nicht umhin, Ihr bisheriges Leben zu hinterfragen und Dinge zu tun, mit denen Sie sich gegen Konventionen und gegen das, was andere für richtig und erstrebenswert halten, stellen. Doch wenn Sie wissen, was auf Sie wartet, fällt es Ihnen leichter, diese Sehnsucht nach einem Leben, das sich an den Idealen von Wabi Sabi ausrichtet, auch zur Richtschnur für Ihr Verhalten zu machen.

Aufgaben weiterzugeben, wo dies möglich ist, ist ein guter Anfang und der erste Schritt in die richtige Richtung. Fragen Sie sich daher wenigstens dreimal: »Muss ich?«, und geben Sie sich eine möglichst aufrichtige Antwort. Gibt es auch nur den leisesten Zweifel daran, dass Sie es sind, der diese Aufgabe erledigen muss, dann werden Sie kreativ. Suchen Sie nach Möglichkeiten und Gelegenheiten, diese Tätigkeit zu delegieren.

Muss ich jetzt?

Angenommen, Sie kommen nicht umhin, eine Sache selbst zu erledigen, dann ist noch immer nicht gesagt, dass Sie sich dem Diktat des Müssens sofort und unmittelbar zu beugen haben. Sie können sich nämlich auch noch diese Frage stellen: »Muss ich jetzt?«

Oft fühlen wir uns genötigt, eine uns anvertraute Angelegenheit so schnell wie möglich zu erledigen, zum Beispiel weil wir es als unhöflich empfinden, uns Zeit damit zu lassen oder großzügige Pausen einzuplanen. Auch hier verfallen wir wieder der puritanischen Arbeitsmoral, die besagt, dass wir unsere Tätigkeiten innerhalb kürzester Zeit mit maximaler Effizienz zu erledigen haben. Die Folge: Termine werden zur Bedrohung und Pünktlichkeit wird zum Maßstab für unseren Erfolg – und nicht die Güte unserer Arbeit oder die Leidenschaft, mit der wir bei der Sache sind. Wie wir gesehen haben, ist diese Tendenz zur Beschleunigung die Ursache für den Stress, der viele Menschen krank macht. Wir gehen lieber an der Erfüllung unserer Pflichten zugrunde, als die an uns gestellten Erwartungen zu enttäuschen.

Wenn Sie sich also die Frage stellen, ob Sie etwas jetzt erledigen müssen, dann sollten Sie sich darüber im Klaren sein, dass Sie ein Tabu berühren: die Tugend der Pünktlichkeit, die im krassen Gegensatz zur »Untugend« des Wabi-Sabi-Augenblicks steht.

An dieser Stelle können Sie testen, wie ernst es Ihnen mit einem Wandel Ihrer Lebenseinstellung ist, und ob Sie bereit sind, sich gegen Konventionen und Normen zu stellen, von denen Sie instinktiv spüren, dass sie Sie in genau die Bredouille gebracht haben, aus der Sie gerade zu entkommen versuchen.

Wabi Sabi vermittelt eine andere Einstellung zum Leben, weil es die gängigen Vorstellungen von Zeit in Frage stellt. Und genau an diesen Punkten des Wabi-Sabi-Zeitmanagments – das sich immer mehr als Irritation dessen herausstellt, was wir üblicherweise unter Zeitmanagement verstehen – werden Sie vor folgende Entscheidung gestellt: Wollen Sie um jeden Preis pünktlich und effizient sein, um Ihre Anerkennung in der Gesellschaft nicht aufs Spiel zu setzen, oder wollen Sie sich den Augenblick wieder erobern, der Ihrem Leben Weite und Kraft gibt?

Sehen Sie es positiv und unverkrampft: Wer sich auf Wabi Sabi einlässt, wird diese Momente der Entscheidung als Prüfsteine zu schätzen wissen und sie begrüßen. Es wäre falsch, sich zu irgendetwas zu zwingen – Sie würden nur das Gegenteil von dem erreichen, wonach Sie eigentlich streben – mehr Kontrolle über Ihre Zeit, mehr Eigenzeit. Doch es wird Momente geben, in denen Sie ganz deutlich den Unterschied zwischen einem Leben mit und einem ohne Wabi Sabi spüren werden. Diese Momente brauchen Sie nicht zu fürchten, denn niemand richtet über Sie, wenn Sie eine Entscheidung treffen. Und es gibt auch keinen Grund, sich entscheiden zu müssen, denn diese Momente sind keine »letzten Gelegenheiten«. Wenn Sie also diese Gelegenheit nicht nutzen, um aus der Tretmühle des »Jetzt sofort!« auszusteigen, sondern erst die nächste oder übernächste, dann ist das in Ordnung.

Seien Sie versichert: Wabi Sabi kann nicht knapp werden, es besteht also kein Grund zur Eile. Wenn es so weit ist, tritt es von ganz allein in Ihr Leben, weil es immer schon gegenwärtig war. Sie können ihm mit Ihrer Haltung nur den Weg bereiten und die Tür öffnen.

Wenn Sie also die Frage »Muss ich jetzt?« mit nein beantworten, und dies bedeutet, dass Sie unter Umständen eine bereits gegebene Zusage nicht einhalten können, dann sehen Sie es als Gelegenheit, sich noch einmal besonders klar darüber zu werden, dass Wabi Sabi in unserer Kultur hin und wieder auch auf Widerstand stößt. Es liegt bei Ihnen, wann Sie Ihrem Leben ein neues Gefühl von Freiheit und Unabhängigkeit geben.

Sollten Sie den Schritt für sich wagen und auf die Frage »Muss ich jetzt?« ein »Nein« als Antwort in Erwägung ziehen, dann können Sie sich überlegen: Wann dann? Widerstehen Sie jedoch der Versuchung, gleich nach einem Ersatztermin Ausschau zu halten – es geht nicht darum, die Aufgabe und damit den Druck hinauszuschieben, sondern darum, herauszufinden, wann Sie sich mit der Aufgabe besser fühlen werden.

Und was, wenn Sie mit einem »Ja« auf die Frage geantwortet haben? Dann muss es sich wirklich um eine dringende, nicht aufzuschiebende Tätigkeit handeln. Und da sie allen Anfechtungen widerstanden hat, ist sie es auch wert, ohne weitere Verzögerung erledigt zu werden …

Wabi-Sabi-Zeitmanagement im Überblick

Das Wesen des Wabi-Sabi-Zeitmanagements besteht darin, das Prinzip des Weniger-ist-Mehr auch in der Zeitplanung zu verwirklichen: Immer weniger zu müssen erlaubt Ihnen, immer mehr zu wollen. Je klarer Sie sich darüber sind, ob Sie etwas wollen oder müssen, umso mehr Kontrolle haben Sie über Ihre Zeit. Ob Sie eine Sache erledigen oder sie lassen, wird immer mehr zu Ihrer persönlichen Entscheidung. Sie machen sich unabhängiger von dem, was andere von Ihnen wollen, und können Ihre Tätigkeiten besser in Einklang mit Ihrem Wunsch nach mehr Leben in der Zeit bringen. Es wird Ihnen immer leichterfallen, die Dinge, die Sie tun, von Herzen zu tun. Stress hat so immer weniger Chancen, von Ihrem Leben Besitz zu ergreifen, weil Sie sich auf diese Weise zum Herrn beziehungsweise zur Herrin Ihrer eigenen Zeit machen.

»Jemand hat mir mal gesagt, die Zeit würde uns wie ein Raubtier ein Leben lang verfolgen. Ich möchte viel lieber glauben, dass die Zeit unser Gefährte ist, der uns auf unserer Reise begleitet und uns daran erinnert, jeden Moment zu genießen – denn er wird nicht wiederkommen. Was wir hinterlassen, ist nicht so wichtig wie die Art, wie wir gelebt haben. Denn letztlich sind wir alle nur sterblich.«
Jean-Luc Picard, Kapitän des Raumschiffs Enterprise

DEN AUGEN-
BLICK SCHÖPFE-
RISCH NUTZEN

Jeder Augenblick ist ein Wabi-Sabi-Augenblick – auch diejenigen, die Sie eher als
belastend erleben und in denen Sie sich
wünschen, sie mögen so schnell wie möglich vorbei sein. Doch auch diese Augenblicke können Sie zu einer Kraftquelle
machen, indem Sie sich dem, was gerade
geschieht, ganz bewusst öffnen.

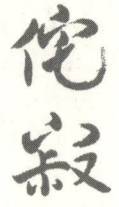

»S-I-E-H« heißt die Formel, an der Sie sich dabei orientieren können. Ihr Name setzt sich aus den Anfangsbuchstaben der vier Schritte zusammen, aus denen sie besteht: »Stopp« , »In sich gehen«, »Entscheiden« und »Handeln«.

Wann immer Sie unzufrieden sind, sich den Gegebenheiten hilflos ausgeliefert fühlen oder sich mit einer anderen für Sie schwierigen Situation konfrontiert sehen – der erste Schritt lautet immer: Stopp!

Stopp!

Statt Ihr Problem oder Ihr Unwohlsein mit Aktionismus zu übertünchen, geben Sie sich innerlich laut und deutlich die Anweisung: Halte sofort an! Lassen Sie nicht zu, dass Sie von der Routine eingeholt werden oder irgendwelche Ablenkungsmanöver Sie davon abbringen, hier und jetzt anzuhalten, um über sich selbst nachzudenken. Geben Sie Ihrem eigenen inneren Wesen für diesen Augenblick Raum. Denn nur so wird der zweite Schritt möglich: In sich gehen.

In sich gehen

Nehmen Sie Ihre Gefühle wahr, ganz vorbehaltlos. Anerkennen Sie einfach, welche Gefühle gerade in Ihnen anwesend sind – wie Gäste, die sich vorübergehend bei Ihnen eingenistet haben, oder wie Vögel, die sich gerade auf einem Baum niedergelassen haben. Was fühlen Sie genau in diesem Augenblick? Was ist jetzt gerade mit Ihnen los?

Bleiben Sie in der Gegenwart. Lassen Sie alle Gedanken an das, was noch kommen mag und vielleicht noch erledigt werden muss, einfach vorüberziehen. Schenken Sie auch den Gedanken an die Vergangenheit keine Beachtung, sondern schicken Sie sie einfach wieder fort. Es geht nur um das, was Sie jetzt gerade erleben, spüren, empfinden, fühlen. Nehmen Sie sich selbst und die Welt, in der Sie sich befinden, im wahrsten Sinne des Wortes wahr. Akzeptieren Sie, dass die Welt, wie sie gerade ist, so ist, wie sie gerade ist. Es gibt gerade keine andere Welt – es ist die wahre Welt, in der Sie sich jetzt gerade befinden.

Im gleichen Zuge nehmen Sie auch Ihre Gefühle wahr: Sie sind, wie sie gerade sind. Das Wahrnehmen und das Akzeptieren der Gefühle sind der erste Schritt zur Veränderung Ihrer Situation. Erst wenn Sie akzeptieren, dass Sie zum Beispiel wütend sind, können Sie der Sache auf den Grund gehen und herausfinden, was genau Sie so wütend macht. Dieses Akzeptieren, dass es ist, wie es ist, ist der Kern des Innehaltens. Wenn Ihnen das gelingt, werden Sie eine erstaunliche Entdeckung machen: Der Augenblick enthält ein schöpferisches Potenzial. Er wird zu einem Augenblick der Wahl, in dem Sie selbst entscheiden können, wie es weitergehen soll. Und damit sind wir schon beim dritten Schritt: dem Entscheiden.

Entscheiden

Ist Ihnen bewusst, dass Sie jederzeit die Möglichkeit haben, zu wählen, wie Sie mit einer Situation umgehen? Sie können vielleicht die Situation nicht ändern – sie ist, wie sie gerade ist –, aber Sie können jederzeit bestimmen, wie Sie dieser Situation begegnen wollen. Es ist also nicht so entscheidend, was Ihnen passiert, sondern vor allem, wie Sie mit der Situation umgehen! Natürlich kann es sein, dass Sie in manchen Lebenssituationen verzweifelt oder unglücklich sind – das sollten Sie auch durchaus würdigen. Doch dieser Schritt geht darüber hinaus: Wenn Sie akzeptiert haben, dass Sie zum Beispiel verzweifelt sind, und diese Verzweiflung auch zulassen, dann haben Sie immer noch die Wahl, zu entscheiden, was Sie daraus machen.

Solange Sie andere für Ihre Verzweiflung verantwortlich machen, kommen Sie nur sehr schlecht aus diesem Zustand heraus. Doch sobald Sie erkennen, dass Sie es in der Hand haben, können Sie entscheiden, wie Sie mit dieser Verzweiflung umgehen.

Und damit kommen wir zum dritten Schritt: Um aus einer negativen Situation oder Stimmung herauszukommen, müssen Sie:

Handeln

In dem Moment, in dem Sie sich entscheiden, zu handeln, haben Sie grundsätzlich drei Möglichkeiten: »Change it, love it or leave it« – Sie können es ändern, akzeptieren oder sein lassen.

»Change it« bedeutet, dass Sie prüfen, was Sie in der gegenwärtigen Situation alles verändern können und wollen. Welche Handlungen würden zu einer Verbesserung der Situation beitragen? Falls Sie wirklich alles in Ihrer Macht Stehende getan haben, um die Situation zu verändern, aber merken, dass Sie die Umstände nicht ändern können beziehungsweise keine Kraft mehr haben, dann besteht die Möglichkeit, sich für ein »Love it« zu entscheiden. Das heißt, Sie akzeptieren die Bedingungen, so, wie sie sind. Die Folge: Wenn Sie sich jetzt dafür entscheiden, brauchen Sie sich nicht mehr über die Situation aufzuregen, denn das wäre Energieverschwendung. Verwenden Sie Ihre Energie lieber auf Dinge, die Ihnen Freude bereiten – und die Sie vor allem ändern können.

Befinden Sie sich in einer Situation, in der Sie a) alles getan haben und mit der Sie sich b) nicht abfinden können, haben Sie noch eine weitere Möglichkeit: »Leave it!« Überlassen Sie das Problem sich selbst, und suchen Sie sich eine neue Herausforderung! Diese dritte Wahlmöglichkeit haben Sie immer. Wenn Sie zum Beispiel mit Ihrem Partner unglücklich sind, und Sie haben alles in Ihrer Macht Stehende getan (wirklich alles!), um die Situation zu verbessern (»Change it«), Sie können die Situation aber nicht länger ertragen (»Love it«), dann bleibt Ihnen zu guter Letzt die Möglichkeit, Ihren Partner zu verlassen (»Leave it«).

Jede dieser drei Wahlmöglichkeiten hat bestimmte Folgen, und Sie entscheiden, welche Sie in Kauf nehmen wollen und welche nicht. Sie müssen sich daher immer nach den Konsequenzen fragen. Die Freiheit, über Ihr Handeln selbst zu bestimmen, bleibt Ihnen – egal in welcher Situation Sie sich befinden!

Praktische Anwendung

Wenden Sie die SIEH!-Formel auf eine Situation an, mit der Sie unzufrieden oder unglücklich sind. Reflektieren Sie Ihre bisherigen Wahlmöglichkeiten und wie Sie damit umgegangen sind.

Stopp: Diesen Schritt haben Sie ja schon getan.

In sich gehen: Wie geht es Ihnen gerade a) ganz allgemein und b) in Bezug auf Ihr Problem? Was empfinden Sie, wenn Sie jetzt daran denken? Welche Gefühle tauchen auf? Wenn Sie dem Problem wirklich ins Auge sehen: Wie würden Sie es beschreiben? Können Sie die Situation so akzeptieren, wie sie ist?

Entscheiden: Ist Ihnen klar, dass Sie sich entscheiden können, in Zukunft mit dieser Situation anders umzuge-

hen? Wollen Sie sich für ein bewusstes und selbstverant-
wortliches Handeln entscheiden?

Handeln: Welche Alternativen gibt es aus Ihrer jetzigen
Sicht? Was haben Sie schon alles versucht? Was könnten
Sie noch probieren? Welche Konsequenzen hätten die einzelnen Schritte? Gehen Sie in Gedanken die Alternativen
durch. Was könnte funktionieren: »Change it«, »Love it«
oder »Leave it«?

Wozu entscheiden Sie sich jetzt? Was können Sie tun,
um die Situation für sich und alle Beteiligten zu verbessern? Schreiben Sie auf, wofür Sie sich entschieden haben:
Ich werde …:

....

....

....

....

Literaturhinweise

Literatur-
hinweise

Baeriswyl, Michel
Chillout – Wege in eine
neue Zeitkultur
dtv, München 2000

Borchers, Ralf
Arm und reich –
Geschichten und Gedichte
Insel Verlag,
Frankfurt 1987

Bovenschen, Silvia
Älter werden
Fischer, Frankfurt 2006

Cramer, Friedrich
Der Zeitbaum
Insel Verlag,
Frankfurt 1994

Deshimaru-Roshi, Taisen
ZA-ZEN –
Die Praxis des Zen
Werner Kristkeitz Verlag,
Heidelberg 2003

Geißler, Karlheinz A.
Alles – Gleichzeitig –
Und zwar sofort
Herder, Freiburg 2007

Gronemeyer, Marianne
Das Leben als letzte
Gelegenheit – Sicherheits-
bedürfnisse und
Zeitknappheit
Wissenschaftliche
Buchgesellschaft,
Darmstadt 1996

Gronemeyer, Marianne
Die Macht der Bedürf-
nisse. Überfluss und
Knappheit
Wissenschaftliche
Buchgesellschaft,
Darmstadt 2002

Hamann, Brigitte
Reise zum Lebensziel
Goldmann, München 2006

Honore, Jean-Carl
Slow Life
Riemann, München 2004

Katagiri, Dainin
Each Moment Is the
Universe: Zen and the
Way of Being Time
Boston & London 2007

Krusche, Dietrich
Haiku. Japanische
Gedichte
dtv, München 1997

Levine, Robert
Eine Landkarte der Zeit.
Wie Kulturen mit Zeit
umgehen
Piper, München 1999

Nowotny, Helga
Eigenzeit. Entstehung
und Strukturierung eines
Zeitgefühls
Suhrkamp, Frankfurt 1993

Reheis, Fritz
Entschleunigung. Abschied
vom Turbokapitalismus
Goldmann, München 2006

Remmert, Günter
Verschiedene Texte
der Website
www.seminarhaus-
schmiede.de

Rosa, Hartmut
Beschleunigung.
Die Veränderung der
Zeitstrukturen
in der Moderne
Suhrkamp, Frankfurt
2005

Rosa, Hartmut (Hg.)
fast forward. Essays zu Zeit
und Beschleunigung –
Standpunkte junger
Forschung
Edition Körber Stiftung,
Hamburg 2004

Shah, Idries
Die fabelhaften Helden-
taten des weisen Narren
Mulla Nasrudin
Herder, Freiburg 2001

Suzuki, Shunryu
Zen-Geist, Anfänger-
Geist
Theseus, Stuttgart 2000

Ulenbrook, Jan (Hg.)
Haiku. Japanische
Dreizeiler
Reclam, Stuttgart 2002

Truckenbrodt, Nicole
Kein Stress! Wie Sie Ihre
Arbeit effektiv organisie-
ren und Stress vermeiden
Eichborn, Frankfurt 2002

Register

Ausstieg aus der Perfektionsfalle

Christopher A. Weidner
Wabi Sabi – Nicht perfekt
und trotzdem glücklich!
208 Seiten
ISBN 978-3-426-64459-1

Perfekt in jeder Lebenslage – diesen Anspruch stellen
viele Menschen an sich selbst und geraten damit in eine
Spirale aus Leistungsdruck und Überforderung. Schluss
damit: Mit Wabi Sabi werden Sie zwar nicht perfekt,
dafür aber glücklich!

www.droemer.knaur.de/wabisabi/

Impressum

Bibliografische Information der Deutschen Nationalbibliothek
Die Deutsche Nationalbibliothek verzeichnet diese Publikation in der
Deutschen Nationalbibliografie; detaillierte bibliografische Daten sind im
Internet über http://dnb.d-nb.de abrufbar.

© 2008 Knaur Ratgeber Verlag
Ein Unternehmen der Droemerschen Verlagsanstalt Th. Knaur Nachf.
GmbH & Co. KG, München
Alle Rechte vorbehalten.

Wichtiger Hinweis
Die im Buch veröffentlichten Ratschläge wurden von Verfasser und
Verlag mit größter Sorgfalt erarbeitet und geprüft. Eine Garantie kann
jedoch nicht übernommen werden. Ebenso ist eine Haftung des Verfassers
bzw. des Verlages und seiner Beauftragten für Personen-, Sach- oder
Vermögensschäden ausgeschlossen.

Die Haikus auf den Seiten 39 und 99 wurden dem Buch »Haiku.
Japanische Dreizeiler«, herausgegeben von Jan Ulenbrook, entnommen.
© Reclam Verlag Ditzingen.

Der Text »Anekdote zur Senkung der Arbeitsmoral« stammt aus:
»Aufsätze, Kritiken, Reden« von Heinrich Böll.
© 1967 by Verlag Kiepenheuer & Witsch, Köln.

Projektleitung: Caroline Colsman   ISBN 978-3-426-64567-3
Redaktion: Andreas Kobschätzky
Layout, Herstellung und Satz: 5   4   3   2   1
Dagmar Guhl
Umschlaggestaltung:
griesbeckdesign, München
Druck und Bindung:
Ebner & Spiegel, Ulm
Printed in Germany

Bitte besuchen Sie uns auch
im Internet unter der Adresse:
www.knaur-ratgeber.de